谨以此书纪念潘序伦先生诞辰 130 周年

潘序伦研究文丛

潘序伦学术著作沿革研究

李湖生 编著

立信会计出版社
LIXIN ACCOUNTING PUBLISHING HOUSE

图书在版编目(CIP)数据

潘序伦学术著作沿革研究 / 李湖生编著. —上海：立信会计出版社，2022.11
ISBN 978-7-5429-7193-7

Ⅰ.①潘… Ⅱ.①李… Ⅲ.①潘序伦(1893—1985)—会计学—文集 Ⅳ.①F230-53

中国国家版本馆 CIP 数据核字(2023)第 003614 号

策划编辑	张巧玲
责任编辑	张巧玲
助理编辑	汪玉玲
美术编辑	吴博闻

潘序伦学术著作沿革研究
PANXULUN XUESHU ZHUZUO YANGE YANJIU

出版发行	立信会计出版社	
地　　址	上海市中山西路 2230 号	邮政编码　200235
电　　话	(021)64411389	传　　真　(021)64411325
网　　址	www.lixinaph.com	电子邮箱　lixinaph2019@126.com
网上书店	http://lixin.jd.com	http://lxkjcbs.tmall.com
经　　销	各地新华书店	
印　　刷	常熟市人民印刷有限公司	
开　　本	710 毫米×1000 毫米　1/16	
印　　张	17.5　　　　　　　　插　页　4	
字　　数	195 千字	
版　　次	2022 年 11 月第 1 版	
印　　次	2022 年 11 月第 1 次	
书　　号	ISBN 978-7-5429-7193-7/F	
定　　价	88.00 元	

如有印订差错，请与本社联系调换

序

潘序伦先生（1893—1985年）是我国著名会计学家和教育家，是发展我国会计事业和培养我国会计人才的先驱、中国现代会计学界的泰斗，被誉为"中国现代会计之父"，其开创的"三位一体"立信会计事业[①]为发展中国会计学理论、引进国外优秀会计学著作、推动会计工作和培养会计人才做出了卓越贡献。

潘序伦先生学识渊博，在会计学、审计学等方面都有很深的造诣，对财政、金融、税务、经济管理等也有很深的研究，终其一生，一直以勤奋自勉、精益求精的精神，坚持身体力行地从事会计学术研究、编辑（译）著作教材、撰写学术论文，出版著作逾千万字，其中，《公司理财》《高级商业簿记教科书》《会计学》《股份有限公司会计》《会计名辞汇译》《基本会计学》都是其经典之作。潘序伦先生还参与创办、编辑出版《立信会计季刊》《立信会计月报》等多

[①] 所谓"三位一体"立信会计事业，是指潘序伦先生在60多年的会计事业中，先后创办立信会计师事务所、立信会计各级各类学校和立信会计图书用品社，将开展审计鉴证业务、培养会计专业人才、编辑出版会计学术著作三者有机融合，相互支持配合，共同发展。

种会计专业期刊，为会计理论在中国的传播做出了杰出贡献。

关于潘序伦先生的学术著作，其本人在回忆录①里有所提及，罗银胜所著《潘序伦传》②中也有相关内容，但均非详尽。2008年，为纪念潘序伦先生115周年诞辰暨上海立信会计学院建校80周年，上海立信会计学院（现上海立信会计金融学院）组织编辑《潘序伦文集》③，但也仅收录62篇，与"齐全""完备"尚存较大差距。

鉴于此，笔者以上海立信会计金融学院图书馆潘序伦先生著作陈列室藏品为基础，结合全国报刊索引数据库、大成老旧刊全文数据库、中国国家图书馆和上海图书馆馆藏目录等全文或书目数据库，对潘序伦先生著述情况进行整理、分析，研究其主要著作的创作历程及版本变化情况，以期勾勒出一个较为详细、清晰的演变脉络，并形成潘序伦先生的著作年表，以纪念"三位一体"立信会计事业的创立者、实践者潘序伦先生，并为中国会计史研究人员提供参考资料。

潘序伦先生无论是编著教材，还是翻译外国学术著作、编辑出版期刊，都非常注重调动、发挥团队的集体力量，因此，得到立信同仁和其他学者的大力支持、协助，潘序伦先生在相关著作序言中都对他们的功绩予以肯定，本书编者在整理过程中也深受感动，因

---

① 《潘序伦回忆录》原连载于《财务与会计》杂志1984年第1～9期、第11～12期，1985年11月潘序伦逝世后，中国财政经济出版社于1986年结集出版以纪念。
② 罗银胜. 潘序伦传［M］. 上海：上海人民出版社，1997.
③ 潘序伦. 潘序伦文集［M］. 上海：立信会计出版社，2008.

此以脚注方式列示相关人士之重要学术著作情况，以向潘序伦先生学术合作者致敬，也使读者对同期会计著作出版情况有所了解。

本书资料收集、整理工作始于2010年4月，历时两年于2012年完成初稿，又经三年于2015年12月完成修订，其间得到上海立信会计学院图书馆江淇、郑鑫尧，立信会计出版社邬敏懿，中国立信会计博物馆宋小明、姚水林，《新会计》杂志社程瑞川等诸多立信同仁的大力支持及热情鼓励。遗憾的是，后因种种原因，相关工作基本停顿，书稿束之高阁五年之久。2020年12月，因立信会计出版社张巧玲慰勉而重拾旧事，又对书稿进行两轮补充、修订，得以定稿。编校阶段，立信会计出版社彭秋龙及汪玉玲等仔细审读，指出书稿中的不少谬误或存疑之处，使书稿增色不少。不同单位、部门的众多"立信人"共同努力，历经数年方使本书得以正式出版，以遂编者初愿，在此一并深表谢忱。

尽管编者希冀将潘序伦先生的著作全部收罗，但由于潘序伦先生编著的图书、撰述的论文大多出版于1949年之前，时隔已久，许多图书版本已经不复存在，期刊编辑出版时断时续，甚至连其目录也不存于各大图书馆目录，虽经诸多努力，颇有收获，但目前所得结果仍不尽如人意，挂一漏万之情况在所难免；同时由于编者学识有限，对相关图书的版本沿革辨识及相关评述难免存在偏颇、谬误之处，唯有以后继续搜寻，并期待同仁提供资料以充实、丰富、修正之。

2021年,"立信人"刚刚庆祝了立信会计出版社建社80周年;2022年,立信会计师事务所成立95周年;2023年,又将迎来潘序伦先生130周年诞辰和上海立信会计金融学院建校95周年。作为立信编辑出版事业、会计教育事业之一名普通参与者,编者谨以此书向潘序伦先生及其开创的"三位一体"立信会计事业致以诚挚的敬意。

是为序。

李湖生

2022年9月30日

例　　言

一、关于部分名词的统一用法

由于部分名词之现名与潘序伦等人著述时代之用名有所不同，本书进行统一处理，后文不再一一说明。

1. "帐""账"

本书所涉潘序伦及其他同仁的著述中，有部分使用"帐"一字，涉及题名者，仍维持不变，如黄组方《从公司法上观察股份有限公司之股本帐户》，其余正文叙述及摘引各书目次时统一改为"账"，称"账簿""账户""分类账"等。

2. "名辞""名词"

机构名称、图书和论文名称中的"名辞"，均不加修改、保持原样，例如，复旦大学会计名辞讨论会、上海会计教师联谊会会计名辞小组委员会、潘序伦《会计名辞汇译》、朱祖晦等《会计名辞试译》、国民政府教育部门颁布的《经济学名辞》《"会计名辞汇译"之商榷》各篇及丁佶所作《会计名辞汇译补遗》（均载于《立信会计季刊》1934年6期）等，其余正文叙述均用"名词"。

3. "叙言""弁言"

"叙言""弁言"等与"序言"含义相同、相似的名词，作为题名时保持原样，其他正文叙述中均改用"序言"。

二、资料来源

本文论及的潘序伦及其他关联人员之著作情况，主要来自以下信息源。

1. 全文数据库

大学数字图书馆国际合作计划（https：//cadal. edu. cn）

大成老旧刊全文数据库（http：//www. dachengdata. com）

读秀（https：//www. duxiu. com/）

全国报刊索引数据库（https：//www. cnbksy. com）

《申报》全文数据库（http：//10. 1. 30. 77. z. library. sh. cn）

HathiTrust数字图书馆（https：//www. hathitrust. org）

ProQuest近现代中国英文报纸库（ProQuest Historical Newspapers：Chinese Newspapers Collection，CHNP），https：//www-proquest-com-s. z. library. sh. cn

ProQuest学位论文数据库（ProQuest Dissertations & Theses，PQDT，https：//www-proquest-com-s. z. library. sh. cn）

2. 馆藏书目数据库

中国国家图书馆·中国国家数字图书馆(http://www.nlc.cn)

上海图书馆(https://library.sh.cn)

北京大学图书馆(https://www.lib.pku.edu.cn)

复旦大学图书馆(http://www.library.fudan.edu.cn)

孔夫子旧书网(https://www.kongfz.com)

美国国会图书馆(https://catalog.loc.gov)

3. 馆藏实体图书

上海立信会计金融学院潘序伦先生著作陈列室

目　录

第一章　潘序伦簿记教程沿革 ················· 1

一、力推西方复式簿记的成名之作

················《高级商业簿记教科书》4

二、从"高级"到"初级"

················《初级商业簿记教科书》22

三、从"教科书"到"教程"

················《通用簿记教程》27

四、从"通用"回归"商业"

················《高级商业簿记教程》33

五、从"高级"到"简易"

················《简易商业簿记教程》40

第二章　潘序伦会计学教程沿革 ················· 43

一、比肩西方名著的经典之作

················《会计学》45

二、读者更广的简编之作

　　·········《高级会计学》(潘著会计学节本)56

三、回归本真的正名之作

　　·········《会计学教科书》(原《高级会计学》)59

四、深入浅出的初级读物

　　·····················《基本会计学》65

五、应时而生的实务教程

　　······················《会计学教程》71

第三章　潘序伦成本会计教程沿革 ········· 85

一、全文引进翻译之作

　　··························《成本会计》86

二、删繁就简改编之作

　　·········《成本会计教科书》(潘译成本会计节本)89

三、原著新版改译之作

　　·····················《劳氏成本会计》91

四、双重身份承继之作

　　·····················《初级成本会计》96

第四章　潘序伦公司会计教程沿革 ········· 99

一、立足会计执业实践的经验之作

　　··························《公司会计》100

二、"寄望甚厚""力求完备"的满意之作

　　……………………………《股份有限公司会计》105

第五章　潘序伦会计制度著作举要……………………… 111
　　一、《各业会计制度》……………………………………… 112
　　二、《中国政府会计制度》………………………………… 116
　　三、《政府会计审计法规》………………………………… 122
　　四、《政府会计制度一致规定》…………………………… 122

第六章　潘序伦审计学教程沿革………………………… 125
　　一、内容完备未附习题的罕有之作

　　……………………………………………《审计学》126

　　二、精简正文以补习题的常规之作

　　…………………………………………《审计学教科书》130

第七章　《会计名辞汇译》编辑出版历史沿革………… 133
　　一、《会计名辞汇译》1934 年第一版……………………… 135
　　二、《会计名辞汇译》1938 年第一次改订本……………… 138
　　三、《会计名辞汇译》1940 年商务印书馆"修订第二版"…… 143
　　四、《会计名辞汇译》1941 年第三次改译本……………… 146

第八章　潘序伦英文著作举要…………………………… 149
　　一、*The Construction of a General Price Index Number*
　　　　for China ……………………………………………… 150

二、The Trade of the United States with China ………… 154
　　三、Bookkeeping and Accounting（《簿记及会计学》）……… 163
　　四、Corporation Finance（《公司财政》）………………… 166

第九章　潘序伦翻译作品举要 …………………………… 171
　　一、《高等会计学》………………………………………… 172
　　二、《公司会计准则绪论》………………………………… 175
　　三、《会计师查核决算表之原则与程序》………………… 177

第十章　潘序伦著会计学论文概述 ……………………… 179
　　一、有关具体会计问题的探讨与研究 …………………… 180
　　二、有关会计法律法规及规范的建议与意见 …………… 181
　　三、有关会计学理论研究与应用实践的演讲 …………… 182
　　四、有关会计学人才培养的论述 ………………………… 184
　　五、图书序言及期刊发刊词 ……………………………… 185
　　六、有关立信事业发展及潘序伦本人历史的回顾 ……… 186

第十一章　潘序伦编辑主要刊物介绍 …………………… 187
　　一、《会计季刊》与《立信会计季刊》…………………… 188
　　二、《立信月报》与《立信月刊》………………………… 195
　　三、《立信会计月报》……………………………………… 198
　　四、《立信会计选辑》……………………………………… 200
　　五、与潘序伦有关联的其他刊物 ………………………… 203

第十二章　潘序伦主要作品沿革图 ········· 213
一、簿记 ········· 215
二、会计学 ········· 215
三、公司会计和会计制度 ········· 216
四、成本会计 ········· 216
五、审计学 ········· 216
六、相关期刊 ········· 217

第十三章　潘序伦著述年表 ········· 219
一、潘序伦著、编、译图书 ········· 220
二、潘序伦发表报刊文章 ········· 225

参考文献 ········· 261

第一章

潘序伦簿记教程沿革

簿记属于会计的初级形式，主要是指记账。簿记按其采用的记账方法不同，分为单式簿记与复式簿记。早期的簿记多为单式簿记，我国明清以后出现的"龙门账""天地合账"具有复式簿记性质。

1494 年，意大利学者卢卡·帕乔利（Luca Pacioli，约 1445—1517 年）在威尼斯出版《算术·几何·比及比例概要》（*Somma di Aritmetica，Goemetria，Propozione Proporzionalita*）[①]。该书先后被翻译为德语、法语、荷兰语、英语等，其中的复式簿记概念随之在欧洲广泛传播。1914 年，美国学者 John B. Geijsbeek 将该书第一编第 9 节第 11 篇论文《计算与记录详论》（*Partieularis de Computis et Seripturis / Particulars of Reckonings and Their Recording*）作为其编辑的《古代复式簿记》（*Ancient Double-entry Bookkeeping*）一书之首篇，以意大利语、英语对照刊印，并称其是现存最早的关于复式簿记的论著。复式簿记后经日本传入我国。

---

① 该书原为拉丁文，其意大利文题名为 *Summa de Arithmetica，Geometria，Proportioni et Proportionalita*，英文题名为 *Review on Arithmetic，Geometry，and Proportions*（据 https://lccn.loc.gov/66069664）。

20世纪20年代后期,徐永祚①开始推动"改良中式簿记运动",他认为国人对源于西方的复式借贷记账法(即西式簿记)不太适应,国内的成功案例不多,但可以吸收其先进之处,对中国传统的单式簿记进行改良。潘序伦等认为,中式簿记采用直写记账方法,不能适应复杂的财务活动,因此主张全面采用西式簿记,从而引发"改良派""改革派"之间的"中西簿记论战",顾准②、钱乃澄③等会计名家皆参与其中。这一场中西簿记改良之争,大大促进了近代会计学术和会计师职业的进步。至20世纪40年代,复式簿记的教学及运用在国内已经非常普及,而单式簿记在会计实务上已经较少使用。1949年,中华人民共和国成立后,中式簿记因不能适应处理日益复杂的经济业务的要求,逐渐被淘汰。

根据经济主体的经济活动分类,簿记大体可分为商业簿记和工

---

① 徐永祚(1893—1961年),我国著名会计学家、会计实务专家、会计教育学家,民国四大会计师事务所之一徐永祚会计师事务所(抗日战争时期改称正明会计师事务所)的创办者,中国注册会计师执业第一人。曾任上海《银行周报》编辑、主编,著有《英美会计师制度》《会计师制度之调查及研究》《所得税与会计》《会计师法规草案及说明书》,翻译《决算表之分析观察法》等。徐永祚是中式簿记改良的主要代表人物,编著《改良中式簿记讲义》《改良中式簿记概说》《改良中式簿记实例》《改良中式簿记论集》,还利用其主办的《会计杂志》刊发"改良中式簿记专号",介绍改良中式簿记的基本理论与方法,运用对比的方法宣传其优越性。

② 顾准(1915—1974年),曾就读于立信会计专科学校,并长期在学校工作,是潘序伦"三位一体"立信会计事业的主要参与者。著作有《簿记初阶》《初级商业簿记教科书》《从理想主义到经验主义》《股份有限公司会计》《社会主义会计的几个理论问题》《试论社会主义制度下商品生产和价值规律》《所得税原理与实务》《希腊城邦制度》《中华银行会计制度》《中华政府会计制度》等;译作有《资本主义、社会主义和民主主义》(约瑟夫·熊彼特)、《经济论文集》(琼·罗宾逊)等。其文集有《顾准文集》《顾准日记》《顾准自述》等。

③ 钱乃澄,亦作钱迺澂(澂,"澄"的繁体,后同)、钱迺澄等,本书统一为钱乃澄。潘序伦"三位一体"立信会计事业的主要参与者。编著《审计问题》《审计问题答解》《查账报告书及工作底稿》等,发表论文《橡胶厂成本会计概要》《营业预算》《关于所得税问题之解答》《对于徐永祚君"改良中式簿记"之批评》等。

业簿记。其中，商业簿记是最基本的簿记，也是潘序伦研究、推广的重点。由于潘序伦力推西式簿记，其"商业簿记"自然以复式为基础。

一、力推西方复式簿记的成名之作《高级商业簿记教科书》

《高级商业簿记教科书》（图1-1）被视为潘序伦的成名之作。该书内容新颖，重点突出，详略得当，深入浅出，通俗易懂，因此广受欢迎，为各商业企业、会计学校广泛采用，先后修订四次，印行数十次，发行量达200万册，直至20世纪80年代，在中国台湾、中国香港等地还在翻印发行。2009年，立信会计出版社编辑出版"会计经典丛书"，《高级商业簿记教科书》被收录其中。

（一）1930年第一版

20世纪20年代后期，国内出版的簿记书籍，已有数十种。但潘序伦以其多年簿记教学经验认为，这些书籍不能完全适用，故萌生编著《高级商业簿记教科书》之愿。

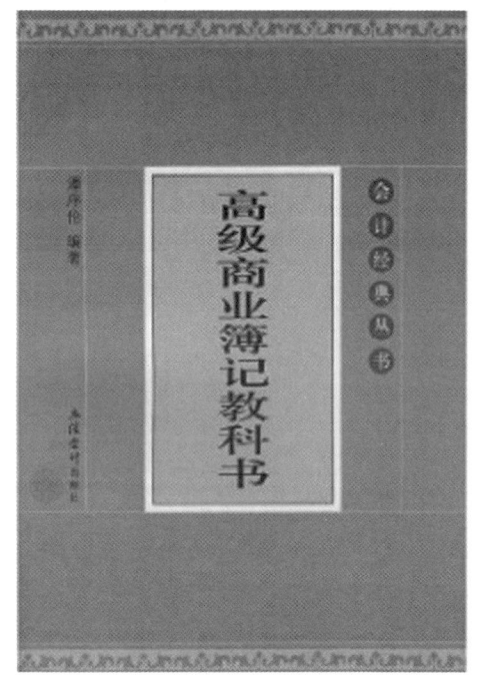

图1-1 《高级商业簿记教科书》封面（2009年重印本）

《高级商业簿记教科书》的编撰工作得到了立信同仁吴君实①、顾询②、葛益栋③、韩曼涛④、顾准的大力支持，五人均以"助编"身份列名（也有印次中顾询居首位）。吴君实在《难忘岁月》一文中对《高级商业簿记教科书》的成书过程有一定描述⑤，称该书以潘序伦英文著作《簿记及会计学》（Bookkeeping and Accounting）⑥、罗伊·伯纳德·凯斯特⑦著《会计理论与实务》第一册《会计原理》、杨端六著《商业簿记》⑧等为参考，潘序伦指定由吴君实拟出全书章

---

① 吴君实，曾任潘序伦会计师事务所编辑室主任。编著《高级商业簿记教科书》（潘序伦、吴君实、顾准等）、《怎样做好企业财产清查工作》《经济核算制概论》等；翻译《现代大学会计学》（李鸿寿、王涵清、王澹如、吴君实等）；摘译R.W.马斯凯尔之《巴西的通货膨胀会计》；发表论文《查账何以要请会计师》《对于交通事业稽核制度及财务管制之建议》《灌输经济学识于商民之简捷方法》《解放前我国铁路会计史实简介》等。
《高级商业簿记教科书》部分印次（如四川大学图书馆藏"中华民国二十七年十月国难后第一四版"）中，误为"吴君宝"，本书一律称"吴君实"。

② 顾询，字咨博，"三位一体"立信会计事业主要参与者，承担了大量立信会计专科学校所用教材的编著任务，负责会计师事务所的具体业务和会计教育工作，后主持出版社工作。著有《审计学》（潘序伦、顾询）、《审计学教科书》（潘序伦、顾询）、《查账报告及工作底稿》（顾询、钱乃澄）、《暂行银行统一会计制度》《审计学》（顾询、唐文瑞）、《审计学》《商业算术》《通用簿记教程》（潘序伦、张蕙生、顾询）、《商业记教程》等。
本书编者所参考的相关文献中，有以字代名直接称其为"顾咨博""咨博""谘博"者，也有笔误为"顾洵"者，本书不加区分，一律称"顾询"。

③ 葛益栋，曾为上海市米号业同业公会拟订《上海市米号业会计制度大纲》。

④ 韩曼涛（1901—1965年），原名韩春龄，曾任中共"四大"代表、"五大"候补中央委员、首任浙江省委书记（时用名庄文恭）；1928年辞职后与党组织失去联系，以韩曼涛之名进入立信会计补习学校并留校任教。他是较早关注银行内部审计的人士之一，著有《煤矿业会计制度》《银行之内部审计》等；1949年后，在华东军政委员会财政部、中华人民共和国财政部税务总局等单位任职。

⑤ 吴君实.难忘岁月[M]//龙一圆.立信史话.上海：立信会计出版社，1993：61-63.

⑥ 见本书第八章第三节。

⑦ 凯斯特（Roy Bernard Kester，1882—1965年），其代表作《会计理论与实务》（Accounting：Theory and Practice）由《会计原理》（Principles of Accounting，1917）、《高级会计学》（Advanced Accounting，1918）和《不同形式工商业企业之会计应用》（Accounting Applications to Various Forms of Business and Industry，1921）组成。其中，Principles of Accounting之薛迪符、陈文麟译本被潘序伦列为《会计名辞汇译》1938年修订本所摘引图书之一。

⑧ 杨端六.商业簿记[M].上海：商务印书馆，1928.

节目录，并按章节顺次执笔，潘序伦、葛益栋、韩曼涛已完成的部分章节也由吴君实加以修改或重写，最后由潘序伦核正，作为初稿。从1929年起，该初稿随写随印（顾准利用夜间工余时间抄刻钢版），由潘序伦所办的立信会计专修学校作为讲义试用，吴君实根据授课教师、学生的反馈情况进行修改或部分重写，再由潘序伦审校，有时还征询事务所其他同仁意见，最终使授课者、受课者双方均感较为满意。全书完成后由吴君实统稿、潘序伦定稿。在《高级商业簿记教科书》的编写过程中，吴君实担任了类似执行编辑的角色。

1930年8月，《高级商业簿记教科书》由商务印书馆首次正式刊印，并配有习题详解一册，以方便学生学习。

潘序伦在1930年6月完成的《高级商业簿记教科书》初版序言中，对该书的目的和编著特点进行了概括：一是"使学生真正明了商业簿记各种方法及其原理"，因此该书对于簿记原理方面的论述较其他同类书籍更为详尽，内容与国内当时出版的其他簿记书籍相比约多出50%，而文字篇幅则增加近一倍；二是"使学生对于簿记实务方面，得有相当之经验……从学校毕业后，可以直接胜任簿记员之职"，因此，书中不仅列有簿记实务、簿记规则两章，还附有实习题作为专门一章，这些题目的实务操作性非常强，全都基于商店日常经营活动中的各种营业文件而设置，使学习者犹如置身于商店实体业务之中实任簿记之事，从而得到完整的训练。

基于此，《高级商业簿记教科书》说理以浅显、周到、明了为主,力求通俗易懂,各章所举的实例也非常多,并经实地试教,注重实务,以使学习者参加工作后能很快胜任工作;在内容安排上,各章顺序由浅入深、由简入繁、循序渐进,重点内容不厌其详、反复强调,以使学习者在学习过程中可以循序渐进,而不致有晦涩难懂的感觉。

潘序伦根据其多年教授经验,对《高级商业簿记教科书》的内容编排进行精心设计,全书分上、下两卷共40章(表1-1),分层次推进,全书首先以借贷开始,由分录逐步推进至决算(第一章至第九章);其次分章详论商事企业常用账户(第十章至第十六章);再次为特种分录簿、统驭账户、结账时账目之整理与决算(第十七章至第二十六章);从次论次要之辅助分录簿(第二十七章至第二十九章);然后论合伙企业和公司特有的记账方法(第三十章至第三十四章);最后是簿记各杂项问题、单式簿记、簿记实务与规则(第三十五章至第四十章)。潘序伦认为,以其多年教授实践经验观察,这种编排方法"最称允当"。

表1-1 《高级商业簿记教科书》初版目次及课时安排

章次	名称	课时数	章次	名称	课时数
第一章	簿记会计之根本观念	1	第二十一章	统驭账户及补助总账	4
第二章	簿记之方式	1	第二十二章	结账前账目之整理	5
第三章	账户及总账	2	第二十三章	结账计算表	3

(续表)

章次	名称	课时数	章次	名称	课时数
第四章	交易之借贷	3	第二十四章	资产负债表	1
第五章	分录簿	2	第二十五章	损益计算书	1
第六章	过账	1	第二十六章	复习题	2
第七章	试算	3	第二十七章	票据簿	2
第八章	结账	3	第二十八章	零用现金簿	1
第九章	决算表	1	第二十九章	应付各项款项簿	1
第十章	商品账户	4	第三十章	合伙会计	2
第十一章	商品折扣账户	2	第三十一章	合伙会计（续）	3
第十二章	开支及收益账户	4	第三十二章	公司会计——公司组织及特备簿册	2
第十三章	票据及利息账户	2	第三十三章	公司会计——创立记录	3
第十四章	通用资产及负债账户	3	第三十四章	公司会计——财务之处理	3
第十五章	资本主账户	2	第三十五章	寄售会计	2
第十六章	复习题	3	第三十六章	记账单位	3
第十七章	现金簿	5	第三十七章	单式簿记	2
第十八章	销货簿	2	第三十八章	簿记实务	3
第十九章	进货簿	1	第三十九章	簿记规则	1
第二十章	复习题	3	第四十章	实习题	4
	第一学期小计	48		第二学期小计	48

由表 1-1 可以看出，《高级商业簿记教科书》每隔数章即有一章复习内容，其目的在于要求学生反复演习，以便将所学知识不断加以复习，从而熟练掌握簿记方法。潘序伦强调，"复习为簿记最要之着""（本书）较之他书之仅备一次复习者，自信效力增加数倍"，因此无论是教师或学生，都"万万不可略去"这部分内容。

潘序伦认为，《高级商业簿记教科书》一书应能作为研究高等会计学的基础，其适用范围主要是大学商科初年级学生和高中商科学生。同时，潘序伦以其实践经验认为，该教科书的使用具有非常大的灵活性，经过对内容的取舍，还可以适应更大范围的不同层次的学习者。具体而言，《高级商业簿记教科书》还可作为普通高中或大学文科、工科、政治经济科等的学生选修簿记课程时的教材，与作为大学商科学生教材的唯一区别是，习题应当减去一半以节省学生自修时间。

为便于教师安排教学，《高级商业簿记教科书》还设有教学进度分配表，潘序伦建议该课程的教学工作分为两个学期完成，每学期20章。当时教育行政主管部门规定高中商科学生的"簿记"课程为6学分，需要教授一个学年，每周3学时。当时学校除去各种假日及大考时间外，每学期实际授课18周，因此，潘序伦建议该课程各学期实际授课48小时，另加月考3次（每次2小时），合计54小时（不计大考及应有的复习），与教育行政主管部门的要求相符。他还根据多轮次的实际教学情况，对各章内容的时间分配做了精心而适当的安排（表1-1），使其进度不至于过快或过慢。

潘序伦认为，课程的绝大部分内容及问题都应在课堂上理解、消化，而无需大量占用学生的课余时间，并为此特意做了说明。《高级商业簿记教科书》在分配各章授课时数时已经大致考虑了各章所列问题的发问、解答时间，但教师可按实际情况对问题有所添加或删减。至于练习题部分，潘序伦认为学生应当在自修时间加以完成，但教师也可在上课时间对其中的疑难问题予以讲解；如果时间充裕，还可让学生在黑板上做出习题中"相当之一部分"，而这些也都已包括在各章时间分配表之中。也就是说，潘序伦认为该课程在自修时间里所做的练习比例不宜过高。

对于《高级商业簿记教科书》用于学习层次较低的学生，或用作初中教材，潘序伦提出，可以略去对于簿记理解和课程本身"并无妨碍"的部分章节内容，酌情加长其他各章教授时间，即略去第二十九章、第三十五章至第三十七章，上学期授课由第一章至第二十章调整为第一章至第十六章，下学期授课则自第十七章开始。潘序伦强调，最后3章（第三十八章至第四十章）为簿记实务，内容非常重要，不宜略去，但如果时间实在不够用也只好"忍痛略去"，并不影响学生对簿记知识的了解。

（二）1934年第一次修订本（修订再版）

《高级商业簿记教科书》初版付印后，即被发现其中有不少文字、数字排错之处；同时，部分内容与最新修订、颁行的一些相关法规不符。因此,潘序伦即刻着手予以修订,以纠其错。

在王澹如①、顾准的协助下,潘序伦于 1933 年 12 月完成了《高级商业簿记教科书》的第一次修订工作,该修订版于 1934 年出版。

总体来说,该次修订内容变动不大,主要涉及如下方面(表 1-2):

第一,按照当时的《公司条例》和《商人通例》②,商店结账时均应编制财产目录,但《高级商业簿记教科书》初版并未述及该项财产目录,修订版在第二十四章加入一节,以说明其内容及编制方法。

第二,原书中合伙会计(共两章)所论关于合伙企业之记账方法,有数处与当时《民法债编》③"合伙"一章(第 18 节第 667~699 条)之规定不符,予以修改。

---

① 王澹如(1904—1990 年),潘序伦"三位一体"立信会计事业的重要参与者。著有《成本-数量-利润分析》《大众会计》(王澹如、张佩贻),《汇兑学 ABC》《高级会计学》(潘序伦、王澹如),《工业簿记》《工业企业产品成本计算》(王澹如、张佩贻),《公司会计》(潘序伦、王澹如),《国际贸易 ABC》《会计核算》《会计学教科书》(潘序伦、王澹如),《基本会计学》(潘序伦、王澹如),《企业组织》《商业经营 ABC》《银行会计》《银行会计习题》(王澹如、王卓如),《银行会计基本教程》(王澹如、王卓如),《银行商业信用证之理论与实务》(王澹如、王卓如),《银行实务》(上下册),《银行实务概要》《政府会计》(潘序伦、王澹如),《会计学教材》《基本会计学:西方会计》(潘序伦、王澹如),《资本主义企业财务会计》(娄尔行、王澹如、钱嘉福),《资本主义银行业务与经营》(王澹如、沈泽群);主要译著有:《现代管理会计》(王澹如、唐文瑞、施殷云、唐民、施仁夫),《蒙氏审计学——会计循环和审计实务》(王澹如、姚焕廷、钱嘉福),《会计理论》(王澹如、陈今池),《数学入门》等。

② 1904 年 12 月 5 日,清政府颁布《大清商律》,共有《商人通例》9 条和《公司律》131 条。在对该草案进行修改的基础上,中华民国政府于 1914 年 1 月、3 月分别颁布《中华民国公司条例》和《中华民国商人通例》,均自同年 9 月 1 日起施行。1923 年,北洋政府起草《商法》草案,但未能正式颁行。1929 年,国民党中央政治会议议决将民法和商法编订为统一法典。1931 年 5 月,《中华民国民法》全部完成,分总则、债、物权、亲属、继承 5 编,共 29 章 1225 条。此外还制定了公司法、票据法、海商法、保险法、破产法、银行法、交易所法、合作社法等商事法规。

③ 1929 年 11 月 22 日公布,次年 5 月 5 日施行。

第三，原书第三十六章详论记账单位问题。1933年南京国民政府"废两改元"，上海规元①亦停止使用，商店记账已不存在记账单位问题，因此该章予以删除。

第四，当时支店（即分店）制度在国内逐渐盛行，为了方便簿记学习者对总店如何处理下属各分店之簿记有所了解和研究，增加了"支店簿记"一章，作为第三十六章。

表1-2　1934年第一次修订本变更情况

章次	名称	修订情况（与1930年第一版相比）
第二十四章	资产负债表	增加"财产目录"一节
第二十九章	付款凭单簿	原名"应付各项款项簿"
第三十章 第三十一章	合伙会计	依相关法规修改
第三十六章	支店簿记	新增；原第三十六章"记账单位"删除

（三）1936年12月第二次修订本

《高级商业簿记教科书》第一次修订本出版不久，潘序伦再次对该书内容进行大幅修订，习题也有不少改动，并重新编写与版本相适应的新习题详解。该版本称为"第二次改订版"（又称"第二次修订本"），由商务印书馆于1936年12月出版。全书正文共37章，另有附录部分。助编者仍为顾询、吴君实、葛益栋、韩曼涛、顾准

---

① 规元，也称豆规银、九八规元，清咸丰六年（1856年）至民国二十二年（1933年）通行于上海的一种作为记账单位的虚银名目，以上海银炉所铸二七宝银折算使用。所谓"九八规元"，即以元宝（实银）的重量，加以升水，再以九八除之，所得之数即上海通用的标准银（虚银）。用虚银为记账单位，可以解决流通中使用实银一时供应不足和搬运不便等困难，但也使已经混杂的货币制度更添复杂性。

五人，但排名与初版时有变动，顾询升至第一位。

本次修订的最大亮点是调整内容架构、删繁就简。

当时中国商业领域买卖商品时很少规定折扣条件，同时在最后交付账款时还常有去掉零头（抹掉尾数）的情形，《高级商业簿记教科书》第一次修订版本中关于商品折扣账户的论述非常详尽，但其现实应用性并不高。因此，第二次修订仅附带述及了折扣处理方法，并做了一些示例。

20世纪30年代中期，经过中式簿记"改良""改革"之争，单式簿记在中国的运用已经式微，潘序伦认为已无专章讨论的必要，遂将其从正文抽出（不排章节），以附录形式列于各章之后，仍分配2个课时，是否讲授依时间情况而定。如时间不敷，则可略去不讲，由读者自习即可。

此外，潘序伦对票据账户、结账计算表、资产负债表及损益计算书等章的内容也进行了修改，以增强实用性。同时，他认为现金簿及统驭账户及补助总账两章，原有论述较为繁冗，因此将其中关于专栏设置的内容划出，另设一章专门讨论，以便大多数学习者更易了解和学习，而且各章篇幅也较为平均。销货簿与进货簿两章，由于专栏被划入专章讨论，存续部分内容简单、篇幅较短，合并为一章。

潘序伦认为，票据簿、零用现金簿、付款凭单簿均具原始簿的性质，非常重要，但在前一版本中，这部分内容列于全部簿记方法之后，附加叙述，未能体现其在账簿组织上的重要性，因此将其合并，称"其他原始簿"，置于原始簿中之专栏一章之后，使其与现金簿、进货簿、销货簿等较为接近，全书编制体裁更加完善。

这次修订的改动幅度较大，初版时确定的教材使用时间分配表已经不能适用，潘序伦予以重新编排。总学时仍为两学期各48课时，其中第一章至第二十章的内容在第一学期讲授完毕，第二十一章至第三十七章及附录部分在第二学期完成，各章的课时数也有所调整，详见表1-3。

表1-3 《高级商业簿记教科书》1936年第二次修订本目次及课时分配

章次	名称	课时数	章次	名称	课时数
第一章	簿记会计之基本概念	1	第二十一章	原始簿中之专栏	5
第二章	簿记之方式	1	第二十二章	其他原始簿	5
第三章	账户及分类账	2	第二十三章	结账前账目之整理	4
第四章	交易之借贷	3	第二十四章	结账计算表	2
第五章	分录簿	2	第二十五章	资产负债表	2
第六章	过账	1	第二十六章	损益计算书	2
第七章	试算	3	第二十七章	复习题	2
第八章	结账	3	第二十八章	合伙企业	2
第九章	决算表	1	第二十九章	合伙企业（续）	3
第十章	商品账户	4	第三十章	公司会计	2
第十一章	商品折让账户	2	第三十一章	公司会计（续）	3

(续表)

章次	名称	课时数	章次	名称	课时数
第十二章	费用及收益账户	2	第三十二章	公司会计（续）	3
第十三章	票据账户	3	第三十三章	寄销会计	2
第十四章	通用资产及负债账户	3	第三十四章	支店会计	3
第十五章	资本主账户	2	第三十五章	簿记实务	3
第十六章	复习题	3	第三十六章	簿记规则	1
第十七章	特种日记簿——现金簿	4	第三十七章	实习题	2
第十八章	特种日记簿——销货簿及进货簿	3	附录	单式簿记	2
第十九章	统驭账户及补助总账	2			
第二十章	复习题	3			
	第一学期小计	48		第二学期小计	48

几乎与此同时，潘序伦委托施仁夫[①]、陈文麟[②]两人编撰《初级商业簿记教科书》[③]，以适应初级教育的需要。

[①] 施仁夫（1908—2005年），潘序伦"三位一体"立信会计事业的重要参与者。编著《高级商业簿记》《货币学 银行学》《最新货币学》《商业会计教材》《成本会计》《商品流通企业会计》（施仁夫、丁元霖）、《初级商业簿记教科书》（陈文麟、施仁夫）、《会计问题》（施仁夫、唐文瑞）等。翻译《陀氏成本会计》《陀氏成本会计实习题》《无形资产论》，协助潘序伦翻译《劳氏成本会计》。

[②] 陈文麟（1911—1975年），潘序伦"三位一体"立信会计事业的重要参与者，1941年随潘序伦入川，创办重庆立信会计学校。曾为中共上海基层支部提供支持，并撰《上海各银行的组织及营业情况》，经顾准转报中共中央。1954年，受全国工商联邀请，参加制定私营企业统一会计制度，为全行业公私合营作准备。编著《纺织厂成本会计》《棉纺织厂成本会计》《初级商业簿记教科书》（陈文麟、施仁夫）、《高级会计学习题答解》（陈文麟、甘允寿）等，翻译《成本会计》。

[③] 《初级商业簿记教科书》内容，详见本章第二节。

(四) 1939 年 7 月第三次修订本

《高级商业簿记教科书》1930 年第一版出版以后的近十年间，行销达十万册之巨，经过两次修订，内容及编制次序已经成熟、稳定，受到普遍的欢迎，因此再次修订的必要性不大。

但是，当时国内会计名称渐渐统一，潘序伦也已于 1934 年编纂、出版了《会计名辞汇译》[①] 一书，并于 1938 年进行了第一次修订。为了使《高级商业簿记教科书》所用的名称、词汇更加规范、统一，潘序伦对该教科书进行了第三次修订，使其所用名词与《会计名辞汇译》一书中所定名词保持一致。

此次修订也对文字进行了一定的加工，使其更加适合于教学用途。该修订本仍为三十七章，另加附录，与前一版本章节数量相同，仅有个别章节的名称进行了小幅变动，且未提及各章节的课时分配，可以推断，各章节的课时分配保持不变。此次修订本目次变更情况详见表 1-4。

表 1-4 《高级商业簿记教科书》1939 年第三次修订本目次变更情况

章次	名称	原名（第二次修订本）
第五章	日记簿	分录簿
第十八章	特种日记簿——销货簿及购货簿	特种日记簿——销货簿及进货簿

[①] 《会计名辞词汇译》内容，详见本书第七章。

(续表)

章次	名称	原名（第二次修订本）
第十九章	统制账户及补助分类账	统驭账户及补助总账
第二十一章	日记簿中之专栏	原始簿中之专栏
第二十八章	合伙企业之记录	合伙企业
第二十九章	合伙企业之记录（续）	合伙企业（续）
第三十章	公司之组织	公司会计
第三十一章	公司之创立记录	公司会计（续）
第三十二章	公司分配盈利及解散之记录	公司会计（续）
第三十三章	寄销簿记	寄销会计
第三十四章	支店簿记	支店会计

总之，《高级商业簿记教科书》第三次修订的主要内容就是统一名称，与前一版本相比属于小幅修订，部分章节的名称有所变动。该修订本于1939年7月由商务印书馆出版，时称"民国二十八年修订本"。

（五）1947年第四次修订本

《高级商业簿记教科书》经过三次修订，内容渐臻完善，逐渐被国内各学校作为教材使用，数年间重印达数十次。但潘序伦并未故步自封，随着国内簿记实务的变化，在听取同行建议的基础上，决定再次对该书进行修订。

1946年5月，经时任国民政府经济部长、原商务印书馆总经理王云五推荐，潘序伦担任经济部常务次长。他深感公务倥偬、精力不济，经与立信同仁商议，由顾询、王成杰二人执笔完成《高级商业簿记教科书》的修订，修订原则由潘序伦及各学校有该课程授课经验的教师会商确定，潘序伦于1947年5月为之作序。该版本亦称为"1947年修订本"，顾询、王成杰两位执笔者未署名，仍为"潘序伦编著"，顾询等5人"助编"。

《高级商业簿记教科书》第四次修订的缘由及内容主要包括如下方面：

第一，《高级商业簿记教科书》一书原有关于公司记录、公司组织的各章内容与1946年发布的《公司法》[①]修正稿要求不合，因此须对相关内容予以修订。

第二，潘序伦编撰的《会计名辞汇译》经1940年第二次改订后，日渐成熟，其所列的会计名称已被国民政府法令所逐渐采用，因此，《高级商业簿记教科书》第四次修订本所涉及的名称一律依《会计名辞汇译》第二次改订本修改，以达到统一。

第三，单式簿记在《高级商业簿记教科书》1936年第二次修订时，已由正文改为附录，1939年第三次修订本中仍列为附录。20世纪40年代，单式簿记在会计实务上已经较少使用，本次修订直接予以删除。

---

① 1929年12月26日，国民政府公布《中华民国公司法》，1931年7月1日施行。1946年4月12日，国民政府公布《公司法》修正稿。

第四，20世纪40年代，簿记实务中采用余额式分类账的情况增多，为使学生了解其应用，本次修订在第七章中加列一节，予以说明，并配备了相应的习题练习。但由于T字式分类账①应用广泛，且更易于讲解借贷原理，因此T字式分类账仍为论述重点。

第五，传票的应用在当时也渐趋普遍，但《高级商业簿记教科书》原书的相关讲述内容过于简略，因此本次修订将原有"簿记实务"一章中"记账凭证之应用"（即传票两节）扩充为一章，并多举实例，以求简单明了；而将原"簿记实务"一章留存部分改称"原始凭证"。相应的章节次序也进行了调整，统制账户等内容也有所改动。

第六，实习题由正文改为附录。

本次修订后，全书仍为37章，另加附录（实习题），总时数仍为上、下学期各48学时。但由于章节内容的变动，教学时数安排表相应进行了修订，全书目次及学时分配见表1-4。

有意思的是，为了使读者不致有内容陈旧、过时之感，《高级商业簿记教科书》第四次修订本中将所有各章例题、习题中所涉的日期均改为较为接近的"民国三十五年"（即1946年）或"民国三十六年"（即1947年）；另外，当时通货膨胀情况非常严重，即使修改金额也难以追上一日数涨的物价，因此例题、习题中的金额干脆不

---

① T字式分类账，即T形账户，又称丁字账户，是账户的简单格式，因该账户与大写的字母"T"或汉字"丁"形似而得名。金额记入其左方时称为"借记"该账户，记入其右方则称为"贷记"该账户。

予更改，仍采用物价稳定时期的金额标准。

表 1-5 《高级商业簿记教科书》1947 年第四次修订本目次及课时分配

章次	名称	课时数	修订情况
第一章	簿记会计之基本概念	1	
第二章	簿记之方式	1	
第三章	账户及分类账	2	
第四章	交易之借贷	3	
第五章	日记簿	2	
第六章	过账	1	
第七章	试算	3	
第八章	结账	3	
第九章	决算表	1	
第十章	商品账户	4	
第十一章	商品折让账户	2	
第十二章	费用及收益账户	2	
第十三章	票据账户	3	
第十四章	通用资产及负债账户	3	
第十五章	资本主账户	2	
第十六章	复习题	3	
第十七章	特种日记簿——现金簿	4	
第十八章	特种日记簿——销货簿及购货簿	2	
第十九章	日记簿中之专栏	2	原第二十一章
第二十章	统制账户及补助分类账	4	原第十九章
	第一学期小计	48	

(续表)

章次	名称	课时数	修订情况
第二十一章	其他原始簿	4	原第二十二章
第二十二章	复习题	3	原第二十章
第二十三章	结账前账目之调整	5①	原名"结账前账目之整理"
第二十四章	结账计算表	3	
第二十五章	资产负债表	2	
第二十六章	损益表	2	原名"损益计算书"
第二十七章	复习题	2	
第二十八章	原始凭证	3	原第三十五章"簿记实务"留存部分
第二十九章	记账凭证	3	原第三十五章"簿记实务"之"记账凭证之应用"部分扩充而来
第三十章	簿记规则	2	原第三十六章
第三十一章	合伙企业之记录	2	原第二十八章
第三十二章	合伙企业之记录（续）	3	原第二十九章
第三十三章	公司之组织	2	原第三十章
第三十四章	公司之创立记录	3	原第三十一章
第三十五章	公司分配盈利及解散之记录	3	原第三十二章
第三十六章	寄销簿记	2	原第三十三章
第三十七章	分店簿记	3	原第三十四章"支店簿记"
附录	簿记实习题	2	原第三十七章"实习题"
	第二学期小计	48	

---

① 《高级商业簿记教科书》1947年第四次修订本"例言"所列课时分配表中，第二学期小计为48学时，但第二十一章至第三十八章的授课时间之和为49学时，二者不符；其中，第二十三章"结账前账目之调整"是本版教材唯一占用5学时的一章，而该章在之前诸版本中均为4学时。因此，可以推断本版中该章仍为4学时，此处"5学时"为原编者笔误。

1949年中华人民共和国成立后,《高级商业簿记教科书》多次重印、发行。1950年11月重印本中,潘序伦特别提请读者注意"本书系解放前所编著,书中所用日期(纪元)、引述的法律规定和资本观点等若干处,不尽与现实相符;现正由原编著人着手改订;但书中主要的技术的内容,并不变更"①。助编者的排序再次变动,依次为吴君实、葛益栋、顾询、韩曼涛和顾准。但是,此后未有《高级商业簿记教科书》更新版本出版、发行,潘序伦等人此后编著多本簿记教科书,也均另起书名,并未沿用《高级商业簿记教科书》名称。

二、从"高级"到"初级"《初级商业簿记教科书》

前文已经提及,潘序伦编著《高级商业簿记教科书》时已经考虑了读者适应性问题,因此,其内容具有较大的灵活性,但其主要内容还是更加适用于大学商科初年级和高中商科。潘序伦认为,尽管《高级商业簿记教科书》的授课内容、时数可以有所酌情调整,但对于初级中学、职业补习学校和民众学校②的学生而言,还是显得程度稍深、篇幅过多,也不适合于商店职员自修簿记。因此,他决定编写一本程度较浅、内容较简、适应初级教育需求的簿记教科书,

---

① 选自潘序伦1950年在上海的立信会计图书用品社出版的《高级商业簿记教科书》一书。
② 职业补习学校是指进行职业技术教育和补习相应文化知识的学校,民众学校是指让失学的成人接受补习教育的机构,是民国时期社会教育的一种主要形式。

以满足社会之需。但由于当时他正忙于编纂《审计学》[①]一书,且准备对《高级商业簿记教科书》进行第二次修订,无暇他顾,就把《高级商业簿记教科书》改订工作交予上海立信会计师事务所的陈文麟、施仁夫。

但潘序伦对这项工作并非毫不过问,他与陈文麟、施仁夫共同商定编制方法和材料选择等问题,还多次校读陈文麟、施仁夫二人完成的书稿,并于1935年5月作序。该书作为"立信会计丛书"之一由商务印书馆于1935年6月出版,因其适宜于初级学生,定名为《初级商业簿记教科书》。据陈文麟、施仁夫所撰"凡例",该书编著过程中,顾准、唐文瑞也给予较多协助,但他们两人未在书中署名,著者信息标注为"陈文麟、施仁夫编,潘序伦校"。

《初级商业簿记教科书》以初学簿记者为阅读对象,与潘序伦《高级商业簿记教科书》相比,去繁就简,内容更加浅显,白话体的文字也更易理解。同时,该书保留了簿记的所有基础知识,沿袭了《高级商业簿记教科书》重视练习的风格,书中举例、问题、习题较多,且在书尾设置总习题。为了节省授课教师批阅课卷的时间,由储宝敏[②]为其编撰配套的《初级商业簿记教科书习题详解》,由商务印书馆于1937年出版。

---

① 《审计学》相关情况见本书第六章第一节。
② 储宝敏,女,曾参与筹办立信会计专科学校,先后在立信会计专科学校、上海财经大学执教。为陈文麟、施仁夫《初级商业簿记教科书》编撰《初级商业簿记教科书习题详解》;为李鸿寿《会计学概要》编撰《会计学概要习题答解》(储宝敏、陈福安)。

对于《初级商业簿记教科书》一书，潘序伦较为满意，他认为，该书出版之后，立信会计丛书将能满足各种程度会计学生之需，不再有缺憾之感。值得一提的是，《初级商业簿记教科书》的编制、出版，对于立信会计丛书的编制方法具有示范作用，并形成了"惯例"，即凡是有了一本难度较深的书，必于同时再编一本较浅显的书。

《初级商业簿记教科书》出版后，受到业界的普遍欢迎，四年重印 14 次、发行 4 万余册。其后，作者分别于 1939 年 6 月、1949 年 1 月、1951 年 1 月进行三次修订，称"民国二十八年修订本""民国三十八年修订本""一九五一年修订本"。《初级商业簿记教科书》各版本目次见表 1-6。

表 1-6 《初级商业簿记教科书》各版本目次

章次	1935 年初版	1939 年修订本	1949 年、1951 年修订本
第一章	绪论	绪论	绪论
第二章	总账和账户	分类账和账户	分类账和账户
第三章	借和贷	借贷原理	借贷原理
第四章	分录簿	日记簿	差额式分类账的应用
第五章	过账	过账	日记簿
第六章	试算表	试算表	过账

(续表)

章次	1935年初版	1939年修订本	1949年、1951年修订本
第七章	商品账户	商品账户	试算表
第八章	资产负债账户	资产负债账户	商品账户
第九章	收益和费用账户	收益和费用账户	资产负债账户
第十章	结账	结账	收益和费用账户
第十一章	决算表	决算表	结账
第十二章	现金簿	现金簿	决算表
第十三章	销货簿	销货簿	现金簿
第十四章	进货簿	购货簿	销货簿
第十五章	现金簿的专栏	现金簿的专栏	购货簿
第十六章	销货簿和进货簿的专栏	销货簿和购货簿的专栏	现金簿的专栏
第十七章	统驭账户和辅助总账	统制账户和辅助分类簿	销货簿和购货簿的专栏
第十八章	结账前的整理	结账前账目的整理	统制账户和辅助分类簿
第十九章	结账计算表	结账计算表	结账前账目的调整
第二十章	资产负债表	资产负债表	结账计算表
第二十一章	损益计算书	损益计算书	资产负债表
第二十二章			损益表

《初级商业簿记教科书》1939年第一次修订时，作者以潘序

伦、顾准《会计名辞汇译》1938年修订本所订名词为基准，对所用会计名词进行了统一、规范。潘序伦、顾准对修订稿进行了校阅。

《初级商业簿记教科书》1949年第二次修订时，差额式分类账已经较为通行，为使该书更具实用性，作者在第三章"借贷原理"之后增加"差额式分类账的应用"作为第四章，其后再接续原各章节，部分章节名称有微调，全文描述及习题也进行了适应性修订。同时，鉴于小规模商店和账目较为简单的机关学校多采用余额式现金簿，该版将相关内容列入。全书所用名称，也依照《会计名辞汇译》最新版本进行了规范。王成杰参与协助该版本的修订工作，顾询进行了校阅。

1949年10月，中华人民共和国成立后不久，《初级商业簿记教科书》即开始进行第三次修订，以适应国内新的政治经济形势。这次修订得到王文彬[①]的帮助，全书于1950年年底完成修订，1951年1月出版。本次修订未涉及章节结构，修订要点包括：（1）在企业组织一节里，新增五种经济成分[②]；（2）对于记账主体，随时注意说明不是为资本家，而是为商店或营业主体；（3）强调说明簿记所说"资本"仅指商店资产减去负债后的净值，而非政治经济学上的"资

---

① 王文彬，著有《工业企业组织与管理》《工业企业流动资金》《怎样核算流动资金定额》《商业学识》《工业管理》《审计学》（王文彬、黄履申）,《商业审计学》（王文彬、黄履申）等；翻译苏联著作《怎样加速流动资金周转率——机器制造厂的经验》《建筑机构加速流动资金周转率的方法》《上缴预算的利润提成》（王文彬、周辛癸），《改进工业企业生产能力利用的方法》（王文彬、周辛癸），《怎样组织机器制造厂的赢利工作》（王文彬、周辛癸）等。

② 新民主主义社会时期（1949年10月中华人民共和国成立至1956年12月社会主义改造基本完成），我国经济包含如下五种经济成分：社会主义性质的国营经济；半社会主义性质的合作社经济；以农民、城乡手工业者为主体的个体经济；由中小资本主义工商企业构成的私人资本主义经济；由国家和资本家联合经营形成的国家资本主义经济。

本";(4)原版本中,结账所得的净利益立刻全部转入资本主投资或往来账户,修订版说明需要缴纳税款和合理分配以后,再根据实际情况转账。同时,书中的年份一律改为公元纪年,并对文字错误、习题进行了修订。《初级商业簿记教科书》的作者曾接受建议尝试将政治经济学上所讲的利润的来源等问题进行补充和修订,但限于篇幅等原因最终未予实施。

三、从"教科书"到"教程"《通用簿记教程》

1949年10月,中华人民共和国成立,中国迎来了经济建设高潮。中国的会计实务也迎来了新变化,各行各业都急切需要大批的簿记人员,职业青年及学生学习簿记的浓厚风气也开始从各大城市逐渐向一般乡村蔓延,簿记教科书的需求日益增加。

此前二三十年间,中国各地所出版的簿记及初级会计教材,已经有数十种之多,除了前文介绍的潘序伦《高级商业簿记教科书》、陈文麟、施仁夫《初级商业簿记教科书》,还有甘允寿[①]编著的《商业簿记》等,历时较久、采用较广。

不过,当时国内所出版的簿记及初级会计类书籍,其研究对象都只限于商业中的贩卖业。潘序伦敏锐地认识到,商业机构只是现代社会中应用簿记会计的各类机构中的一种,簿记会计的学习者其

---

① 甘允寿,著有《商业簿记》《高级会计学习题答解》(陈文麟、甘允寿)、《银行会计习题详解》(顾准、甘允寿)等。

就业方向不能单纯地局限于商业中的贩卖业，而应该面向更广泛的领域；同时，簿记教材的内容如果只以贩卖商品所应用的记录方法为讨论研究对象，则难以适应一般读者的需要。因此，潘序伦萌生了编著一部程度较浅但内容广泛的簿记教程的念头，他希望读者借此掌握簿记这项应用范围非常广泛的生活技能。

1951年1月、3月，《通用簿记教程》上下册分别由立信会计图书用品社出版。署名作者为潘序伦、顾询、张蕙生三人。《通用簿记教程》全书共32章（表1-7），第一章至第十六章、第二十六章至第三十二章由潘序伦根据其夫人张蕙生①所作的实例编撰，第十七章至第二十五章由顾询编写、潘序伦校读，所附习题由张蕙生和立信会计学校的学生孙庆元②、欧阳锐铃③分别完成，并经潘序伦、顾询校读；全书成稿后，又经立信同仁卢贻珍、潘葆墀④分别校读。

---

① 张蕙生（1894—1982年），会计学家、会计实务专家、会计教育家。中国第一位女会计师，潘序伦"三位一体"立信会计事业的主要支持者和参与者。
张蕙生长期从事会计学和审计学的教学与研究，主要会计著（译）作有《审计学原理》（张蕙生、钱素君）、《政府会计》（张蕙生、王成杰）、《基本会计学习题》《简易商业簿记教程》（潘序伦、张蕙生）、《通用簿记教程》（潘序伦、顾询、张蕙生）、《决算表之编制》（潘序伦、张蕙生）等。发表会计论文《英译政府会计名词》（《立信会计季刊》1940年第11期）、《我国政府会计中之内部牵制制度》（《立信会计季刊》1941年第13期）和《公务交代论》（《计学杂志》1941年第1卷第1期）等。
② 孙庆元，主编《立信英汉财会简明词典》；参与编辑《现代立信会计手册》（顾树桢、欧阳仲华、孙庆元、钱雪孟）；翻译《现代成本会计》（孙庆元、唐文瑞、徐庆诸、曹德豪）、《会计制度——设计及设置》（钱素君、孙庆元）、《苏联会计学基本教程》（祝百英、孙庆元、纪洪天）、《苏联工业会计教程》（祝百英、孙庆元、纪洪天）。
③ 欧阳锐铃，编著有《基本会计学习题答解》等。
④ 潘葆墀，编著《政府会计教程》（潘葆墀、余性元、陈椒先），编译《政府会计原理》（余性元、潘葆墀）、《政府会计原理习题》（余性元、潘葆墀）等，翻译《会计原则述要》《贸易企业经济活动分析》（潘葆墀、欧阳仲华）等。

表 1-7 《通用簿记教程》目次

章次	名称
第一章	簿记的概念
第二章	资产负债及净值
第三章	账户的设置和借贷法则
第四章	收益费用的表示和结算
第五章	分类账和日记账
第六章	簿记循环举例——分类和过账
第七章	簿记循环举例——试算和编表
第八章	簿记循环举例——结账
第九章	现金簿的设置
第十章	账项的调整
第十一章	现金和银行往来的处理
第十二章	现金簿记录的又一例
第十三章	调整及结账又一例
第十四章	个人簿记及收支预算
第十五章	家庭簿记及预算
第十六章	家庭簿记实例
第十七章	贩卖商的营业及损益计算
第十八章	商品购销事项的账簿记录
第十九章	贩卖商现金收付事项的账簿记录
第二十章	贩卖商其他事项的账簿记录
第二十一章	贩卖商账目的调整

(续表)

章次	名称
第二十二章	贩卖商账目的结算
第二十三章	商品的永续盘存制度
第二十四章	制造业簿记述要
第二十五章	制造业的永续盘存制度
第二十六章	非营利事业簿记制度
第二十七章	预算及记账凭证
第二十八章	经费账的账簿记录
第二十九章	经费账的调整及决算
第三十章	财产账及特种基金账
第三十一章	政府簿记制度述要
第三十二章	政府簿记制度述要——续

《通用簿记教程》的讨论题及习题的答案详解由孙庆元、黄光明编制,分上下两册,与《通用簿记教程》同时出版。

潘序伦还打算为《通用簿记教程》另编一册供教师使用的教学指导书,以详述该书各章的教授方法,并提供必要的参考资料,不过此后未见此教学指导书,可能并未成书。

(一) 簿记教程之"通用性"

与商业簿记相比,通用簿记的内容更加全面,包括营利事业簿记和非营利事业簿记的原理与方法。具体而言,潘序伦《通用簿记教程》历述了个人簿记、家庭簿记、自由职业簿记、服务业簿记、贩卖业簿记、制造业簿记，以及非营利事业如学校社团等机构的簿记，并叙述了一些政府簿记的纲要。潘序伦希望该书可以帮助读者获得胜任当时比较普遍的簿记工作的能力，并为学习高级会计学及各种专业会计打下较为广泛的基础。

因此，《通用簿记教程》的适用读者范围非常广泛，各层次人群均可"通用"。该书的读者包含普通高中和业余补习学校学生、各界职业青年甚至家庭妇女，也可用作大学、专科学校会计系或其他科系一年级学生的教材。不仅如此，潘序伦还乐观地认为，各级簿记会计从业人员阅读此书也会有所裨益，他们会因广泛了解各种簿记制度的原理和方法而增加就业机会。进一步说，以前只读商业簿记会计的学生及职工也可以阅读此书，以扩大商业簿记的用途。

潘序伦还认为，当时一般的簿记会计教材对营利事业簿记和非营利事业簿记的异同及两者相互关系及其个别适用情形等方面未能详细阐述、说明，因此，已经读了簿记、会计、工业会计、政府会计等课程的学生，仍然可能对这些问题缺乏一些基本认识，这类学生以《通用簿记教程》为参考资料或补充教材，将会有很大收获。

为了防止读者产生误会，潘序伦在该书序言中特别声明，《通用簿记教程》虽为各种簿记主体列述了不同的簿记制度，但不像其编撰的《各业会计制度》[1]那样各章内容之间不相联系，而是把所有资料组织成一个完整教材。

---

[1] 《各业会计制度》，详见本书第五章第一节。

（二）内容构成及特点

《通用簿记教程》的篇幅较长，上下册均为 600 页，共 50 万字。当时，各校都在精简课程，《通用簿记教程》篇幅如此之巨，多多少少给潘序伦等编著者带来了一些心理压力。不过，全书文字中约四分之一是问题、讨论题及习题，真正的讲授内容部分只占四分之三的篇幅。此外，该书与《高级商业簿记教科书》一样采用螺旋式叙述法，即所叙述的内容由简入繁、由易入难，进行多次的重复讲述与说明，除去重复内容后篇幅又可减去不少。按照潘序伦的计划，大学、高中或业余学校程度的学生，都可以在一学年 6～8 学分的课程中学完该教程。

《通用簿记教程》还有一个特点，即上下两册依照内容难易程度可以分为《初级通用簿记》《高级通用簿记》两本独立的教材，且每册都包括了营利事业簿记和非营利事业簿记，不同层次、不同需求的人群既可以择而习之，也可以配套学习。

在内容上，《通用簿记教程》上册可与潘序伦所著《基本会计学》[①]相互衔接，已经读过初级簿记或普通商业簿记的读者，则可以接续学习本书下册；而工商业从业者及政府机关工作人员，对个人、家庭及小型服务企业财务管理兴趣不高的普通中学学生、乡村职业青年以及家庭妇女等，阅读上册即可。

---

① 《基本会计学》由立信会计图书用品社于 1950 年 7 月出版，详见本书第二章第四节。

四、从"通用"回归"商业"《高级商业簿记教程》

（一）成书经过

《高级商业簿记教科书》一书自1930年出版至1949年的20年间，修订4次，印量达200万册；1949年之后，中国迎来了经济建设高潮，《高级商业簿记教科书》的销量因此继续增加。

面对如此情形，潘序伦冷静地认识到，《高级商业簿记教科书》的主要内容虽然是对簿记基本技术及原则的讨论，但考虑到成书之时中国的社会、经济环境，编者的立场难免受到影响，而其中的资本利益等观点、引述的法律条文等，也已经与当时的社会不相符合，因此该书已经不完全适用于现实，有必要进行修订。有着强烈使命感和责任感的潘序伦甚至对未能及早修订该书、使之更加适用而感到"对于一般读者十分抱歉"[①]。

但是，《通用簿记教程》于1951年春天成书之后，潘序伦决定改变计划，不再对《高级商业簿记教科书》进行修订，而是另起炉灶，直接编撰新书，并定名为《高级商业簿记教程》，以与原有的"教科书"相区别。潘序伦改变修订初衷的原因，一是认为彻底修改一本旧书并不比写一本新书更为简易，二是旧书即使经过大刀阔斧的修改也难免留着陈旧的痕迹，而新书则可以从根本上解决该问题。

《高级商业簿记教程》的编撰得到潘序伦亲友的大力协助，其中

---

① 内容选自潘序伦1951年在立信会计图书用品社出版的《高级商业簿记教程》。

书稿的校对由顾询、潘葆墀等承担，全书历时半年于1951年6月完成，共30章（表1-8），其中后半部分有数章内容摘自潘序伦编著的《基本会计学》（1950年7月出版），第二十六章"商品的永续盘存制度"来自顾询《通用簿记教程》一书中的第二十三章并请顾询将其中过繁的表格及数字予以简化。每章后所附习题都由张蕙生女士编辑，并由潘序伦侄女潘志琴①作成习题详解，另册同期出版。

表1-8 《高级商业簿记教程》目次

章次	名称
第一章	簿记的概念
第二章	资产及其来源
第三章	资产负债资本盈余的增减变化
第四章	账户的设置及借贷法则
第五章	借贷记录表示
第六章	分类账和过账
第七章	试算表
第八章	损益表和资产负债表
第九章	结账
第十章	购货销货及存货的处理及凭证
第十一章	商品购销事项的记录

① 潘志琴，女，著有《通用商业簿记习题详解》《简易商业簿记教程习题答解》《国营企业会计概要习题答解》等。

（续表）

章次	名称
第十二章	簿记循环——分录过账和试算
第十三章	账项的调整
第十四章	簿记循环的结束——编表和结账
第十五章	日记簿的分割——现金簿
第十六章	购货簿销货簿和普通日记簿
第十七章	日记簿中的专栏
第十八章	分类账的分组和统制账户
第十九章	现金及银行活期存款的处理及记录
第二十章	应收及应付票据的处理和记录
第二十一章	簿记循环的复习
第二十二章	簿记循环的复习——续
第二十三章	应付凭单制度
第二十四章	寄销簿记
第二十五章	分店簿记
第二十六章	商业的永续盘存制度
第二十七章	资本盈余的处理及记录——独资及合伙
第二十八章	资本盈余的处理及记录——公司
第二十九章	簿记凭证及传票
第三十章	总复习题

(二) 研究领域：限于"商业"

潘序伦认为，《高级商业簿记教程》虽有另起炉灶之意，但实质仍是《高级商业簿记教科书》的重写本，因此自当仍以商业为对象。

潘序伦编写《通用簿记教程》之前，簿记教程均以偏重商业为特点。当时，业内有观点认为，社会经济活动应以生产领域为主、流通领域为辅，而商业中的贩卖业仅在流通领域进行，并未涉及生产领域。因此，簿记教程应当改用工业生产活动为对象。

对此，潘序伦大致认同，表示愿意接受。但是，他认为，学习应当"行远必自迩，登高必自卑"，商业簿记是簿记中"迩"卑的阶段，而工业簿记则是学习簿记者"高"远的阶段，在各种簿记中组织最复杂、程序最繁复，初次接触者不易理解，因此初学者第一步应先学习商业簿记，再学习工业簿记。潘序伦将《高级商业簿记教程》定位为初学簿记的阶梯，考虑便于教学活动的开展，因此以商业为讨论及举例的对象更为适宜。他认为，修订完《通用簿记教程》之后，继续研修有关生产活动的工业簿记，属于逐步提高、自然发展，可以免于舍本逐末。

(三) 研究对象：限于"私营经济"

中华人民共和国成立初期，五种经济成分并存，但私营企业在经济社会中的比例大为下降，国营经济逐渐成为主要力量。

潘序伦认为，《高级商业簿记教程》虽名曰"高级"，但仍是一本簿记初习教程，所包括的内容还是借贷法则、账户设置、账簿组织、记录方法及报表编制等复式簿记的基本原理，其原理及方法对于五种经济成分都是适用的。但在实际应用上，每种经济成分的事业都各有其专用的账户、特殊的账簿组织及记录方法，在这样一本初级教程中，如果勉强全面叙述，不仅内容章节难于编排，篇幅也必然大增，初学者难以读完。

经过深入思考，并与立信会计研究编译所同仁及会计界同行进行探讨后，潘序伦决定，《高级商业簿记教程》只以私人资本主义经济为叙述对象，其内容完全以《私营企业暂行条例》及《私营企业暂行条例施行办法》[①]为根据。更加具体地说，其内容就是局限于属于私人资本主义经济范畴的一种规模较小、业务较简的贩卖商店。

为什么在《高级商业簿记教程》这样一本基础性教材中，将占比很小的私营企业而非当时已逐渐成为主力的国营企业作为主要叙述对象呢？潘序伦基于如下一个基本判断：允许私人资本主义经济在一定时期内发展是中国新民主主义社会的特征之一，而且这个时间不会很短，甚至可能相当长，因此这样一本专以私营企业为对象的簿记教程，仍有其存在的必要性和现实意义。

[①] 《私营企业暂行条例》（以下简称《条例》）由政务院（即今国务院）于1950年12月29日第65次政务会议通过，12月30日公布（载1950年12月31日《人民日报》第二版）。该《条例》是中华人民共和国成立之后，对私营经济颁布的第一个制度性法规，表明在新民主主义框架下，私营经济获得了进一步明确的定位。《条例》共32条，主要内容包括企业组织方式、核准登记办法、企业权责界定、盈余分配比例、安全卫生设备及职工福利、债务清算等。把私营企业定义为："私人投资经营从事营利的各种经济事业。"

《私营企业暂行条例施行办法》，由中央人民政府政务院财政经济委员会于1951年3月30日公布，共10章105条。

1956年实现全国全行业公私合营后，社会主义改造完成，私营公司不复存在，《私营企业暂行条例》《私营企业暂行条例施行办法》同时失效。

潘序伦认为，国营经济规模巨大，所设会计科目往往很多，账簿组织、簿记事务的处理程序也更加繁难。以固定资产的折旧为例，在商业簿记中只要说及"折旧""折旧备抵"两个科目即可，但在国营企业就必须说到"基本折旧""基本折旧备抵""大修理折旧""大修理折旧备抵""解缴基本折旧基金"和"解缴大修理折旧基金"等，其处理程序和记录方法，与私营商业簿记相比至少繁复三倍。在这种情况下，如果要编著一本以国营企业为对象的簿记教程，谈及这些科目及其处理方法，则必然要涉及那些只在高等会计学教材中才可以提出讨论的许多问题，这会使初学者心生畏惧、望而却步；但如果对这些有关国营企业的特殊科目及处理方法略而不提，则其内容既不同于私营企业的簿记，又很难说是国营企业的簿记，难免有左支右绌之感。因此，潘序伦计划将关于国营经济事业的诸多特殊会计问题留待他本人当时正在编著的《高级会计学》①一书叙述、讨论。

当时，合作社组织正在推进、普及之中。潘序伦认为，"合作社簿记""合作会计"等名词，只能说是"净值会计"的一个分支，而不是业务簿记或会计的一支。在簿记业务实务中，消费合作社或供销合作社所用的业务簿记就是商业簿记，生产合作社所用的业务簿记就是制造业簿记，信用合作社所用的业务簿记就是银行簿记，并

---

① 应当是指《会计学教程》第三册《国营企业会计概要》，1951年12月出版。内容详见本书第二章第五节。

未独自成为一科的合作簿记；合作社因资金来源的不同和盈余分配方法的不同而各自有其"净值会计"，但这些内容只够一章或两章的叙述，而不能成为独立的合作社簿记教程。总之，在潘序伦看来，"合作社簿记"并非独立的一种簿记，因此也不以合作社组织为簿记基本教程的对象。

与此观点相照应，潘序伦对当时国内出版的"合作簿记"书籍有所评述，他认为这些所谓"合作簿记"，其内容实质就是"商业簿记"，只不过是以合作社的簿记事项为做记录的资料。他进一步指出，"商业簿记"的名称是一种业务簿记的基本类别的名称，已出版的几本合作社簿记或会计书籍多以供销业务为对象，实际上仍是"商业簿记"；而真正的"合作社簿记或会计"应当完全以合作社的资金来源及盈余分配为对象。因此，潘序伦认为，《高级商业簿记教程》作为"商业簿记"，是一本"典型的供销业务基本教程"。

（四）主要特点

《高级商业簿记教程》虽是一本商业簿记教材，但与之前出版的一般商业簿记及初级会计教材相比较，基本内容还是有所不同的，主要体现在以下几个方面。

第一，体现时代特色，使内容观点符合新民主主义社会国情。原有书籍大多出版于1949年之前，处于私有财产制度之下，内容侧重资产及其所有权的解释。而《高级商业簿记教程》开端即侧重资产及其来源的解释，将资产分成业主所供给的、外界所供给的和企业本身所累积的三类,而把盈余排除于资本之外,认为资本主不应独占盈余,会计在基本作用上应彻底划分资本与收益。潘序伦认为,这种区分不仅合乎新民主主义经济,也基本合乎社会主义经济。

第二,《高级商业簿记教程》以公式"资产＝来源"为基本出发点,不再重视表示业主占有企业一切净值的公式"资产－负债＝资本",基于后者编制的"报告式资产负债表"也不再提及。

第三,以往的商业簿记大多采用实地盘存制度,而《高级商业簿记教程》对于商品账户基本采用了永续盘存制度,只有在不得已的情形下才改用实地盘存制度。潘序伦认为,这样的叙述方法不仅符合生产的实际程序,而且能为学习工业簿记打下基础,又能使初学者更易了解商品流通及损益计算。

五、从"高级"到"简易"《简易商业簿记教程》

潘序伦编撰《高级商业簿记教程》之时,簿记学习已经从大城市普及到小城市甚至乡村的一般职业青年及城市的一般家庭妇女。这些读者对于簿记技术的学习,大多以能应付简单的记账工作为目标,因此需要内容较为简单、程度较为浅显的簿记读物,但《高级商业簿记教程》并不符合这样的要求。因此,潘序伦决定依照"立信会计丛书"的惯例,编辑《高级商业簿记教程》之简编本,以方便初学者使用。

张蕙生对《高级商业簿记教程》予以精简,而成《简易商业簿记教程》初稿，并经徐可南①校读两次、加以改进后定稿，于1951年8月由立信会计图书用品社出版，编者署名"潘序伦、张蕙生"。《简易商业簿记教程》全书共17章（表1-9），与《高级商业簿记教程》相比，篇幅减去大半，后半部分各章几乎全部删去，本书不再详述。

表1-9 《简易商业簿记教程》目次

章次	名称
第一章	簿记的概念
第二章	资产及其来源
第三章	账户的设置及借贷法则
第四章	借贷记录举例
第五章	日记账和过账
第六章	试算表
第七章	资产负债表和损益表
第八章	结账
第九章	商品购销的记录及计算
第十章	商品购销账户的结算
第十一章	簿记循环的复习
第十二章	日记簿的分割——现金簿

---

① 徐可南，著作有《苏联会计述要》（潘序伦、徐可南，内容详见本书第二章第五节）等；译作有《建筑工程的经济核算和银行监督》（徐可南、张延龄）、《核算、成本计算与技术报表》《苏联会计核算参考资料》《工业企业会计核算》《工业企业劳动和工资计划完成情况的分析》《会计核算和法院会计鉴定原理》等。

(续表)

章次	名称
第十三章	购货簿销货簿和普通日记簿
第十四章	日记簿中的专栏
第十五章	分类账的分组和统制账户
第十六章	账项的调整
第十七章	调整后决算表及调整项目的结束

《简易商业簿记教程》的习题由潘志琴作答，以《简易商业簿记教程习题答解》之名另册出版。

第二章

潘序伦会计学
教程沿革

我国"会计"一词最早可追溯至《周礼·天官·司会》一节"凡在书契版图者之贰，以逆群吏之治而听其会计"。司会①为负责考核统计邦国各类各层级财政收支（"财用"）之官员，为计官之长，以下司书、职内、职岁、职币②均为其下属，职责都与稽查考核收入支出有关。其中"以参互考日成，以月要考月成，以岁会考岁成"，已经初具当今会计报表的作用。但我国历代少有研究阐述会计学之书籍。

潘序伦认为，我国会计学术虽然起源较早、历史比较久远，但会计事业未能迅速进步、发展较为缓慢，其主要原因就是缺乏较为详备、适用的会计书刊供国人研究、参考。因此，他在会计教育与会计执业实践过程中，不断总结经验，积极编撰、推广会计学相关教材。

---

① 司会：掌邦之六典、八法、八则之贰，以逆邦国都鄙官府之治。以九贡之法致邦国之财用，以九赋之法令田野之财用，以九功之法令民职之财用，以九式之法均节邦之财用。掌国之官府、郊野、县都之百物财用。凡在书契、版图者之贰，以逆群吏之治而听其会计。以参互考日成，以月要考月成，以岁会考岁成，以周知四国之治，以诏王及家宰废置。选自长沙岳麓书社 2001 年版《周礼》（钱玄等注译）。

② 司书：掌管各种账册。职内：主管税收赋贡等收入事务。职岁：主管财政支出事务。职币：掌管国家各官府支出剩余经费。

一、比肩西方名著的经典之作《会计学》

20世纪30年代，西方会计在中国日渐通行，国内对会计的研究不断深入，国外会计著作也时常被引进翻译、出版。但国内各地企业、机关采用的会计制度，仍然是单式簿记，即使偶有采用所谓"新式会计"者，其原理与实务也多囿于欧美各国的现成学说及已有案例，而与中国当时的法律及商业实际并不切合，常有相互抵触、矛盾之处。

因此，潘序伦认为，编撰一本适用的会计学教程是会计界同仁刻不容缓的工作，而《会计学》教材也被列入1933年春开始编辑出版的"立信会计丛书"。

（一）1935年1月第一版（上下册）

《会计学》教材编辑期间，潘序伦排除了其他事务，精心推敲，数易其稿，在上海立信会计师事务所同仁王澹如、陈文麟、李鸿寿[①]、黄组方[②]、

[①] 李鸿寿(1909—1998年)，会计学家，我国成人财经教育的先驱和领导人之一，潘序伦"三位一体"立信会计事业的主要参与者。编著《初级会计学》《各业会计制度（第三集）》《会计学》《会计学概要》《会计学数学用表》《审计案例》《现代会计学》《初级会计学教程》（李鸿寿、朱世杰），《初级会计学教程讨论提纲及习题》（李鸿寿、朱世杰），《企业管理中的数量方法》（李鸿寿、吴立煦），《审计学》（李鸿寿、赵友良、陈荣法），《审计学参考资料》（李鸿寿、赵友良、陈荣法）等，编译《会计数学》（李鸿寿、莫启欧）；翻译《会计学中的数量方法》（李鸿寿、莫启欧），《会计学原理及实务》（张忠亮、李鸿寿）。参与编辑"立信会计丛书"《立信会计季刊》，主编《诚信会计月刊》。

[②] 黄组方(约1906—1948年)，会计学家，早期立信会计出版事业的主要贡献者。曾由潘序伦先生推荐，与顾准、钱素君、张蕙生等担任国民政府国立编译馆会计名词审查委员会委员。编著《决算表之分析》《决算表之编制及内容》等，参编《股份有限公司会计（原名公司会计）》《会计名辞汇译》，发表《本票与钞票区别之研究》《从公司法上观察股份有限公司之股本帐户》《工商业收受存款之检讨》《会计学之重要基本假定》《邑庙豫园商店营业种类及统计》《资产负债表与损益表之关系》《资金来源及运用表述要》《国立编译馆会计学名词之商榷》（潘序伦、黄组方）等论文。

施仁夫、唐文瑞①、顾哲云、沈慰萍②等的协助下,历经14个月方才完成,潘序伦学习、从事会计十余年间编著会计学教程的夙愿终得实现。

按潘序伦本意,《会计学》供大学或专科学校教授两年之用,故以"内容详备"为特点。潘序伦认为,该书对于普通会计学所应包括的范围,基本都已涉及,预算统制、图表应用等当时较为新颖的内容,也已尽量设法纳入其中;与国内已经出版的会计学书籍相比,该书的新内容比重不少,因此虽曰"编著",实则与创作无大差异,即便与欧美普通会计书籍相比,也毫不逊色。

《会计学》共十编90万字,分上下册,并另印行习题详解,以方便授课老师之用。潘序伦在1934年6月完成的序言中,对本书的编制方法做了说明。

潘序伦认为,会计的作用在于以数字表示人类社会的经济活动,而不同的会计方法都有一个共同点,即:从横向上来说,以资产与负债表示其某一时日的财政状况;从纵向角度考虑,是以收益与费用表示其某一期间内事业之经过情形。两者相结合,则"事业之全部情形,可以一览无遗",因此会计的中心任务就是表示一事业的资

---

① 唐文瑞(1908—1993年),主要著作:《审计实习题》《会计学 上 习题答解》(唐文瑞、沈慰萍)、《成本会计习题答解》(施仁夫、唐文瑞)、《商业会计教材》(施仁夫、唐文瑞)、《会计问题》(上、下)(施仁夫、唐文瑞)、《审计学》(顾询、唐文瑞);主要译著:《成本会计原理与实务》《现代管理会计》(王澹如、唐文瑞、施殷云、唐民)。

② 沈慰萍(生卒年不详),著有《会计学 上 习题答解》(唐文瑞、沈慰萍)(1934年),1939年以《潘著会计学习题答解》之名再版。

产负债及损益，而会计学的中心则是研究资产负债表及损益计算书如何正确表示。故此，潘序伦认为，会计学的纲领就是说明资产负债及损益之性质，以及资产负债表现损益计算书之编制及作用，因此将该部分内容列为第一编"总纲"。

从第二编开始，《会计学》以较大篇幅讲述决算表的编制，既涵盖一般企业的会计记录（第二编）和会计实务（第三编），也涉及合伙会计、公司会计、工业会计等特种企业会计（第四、第五、第六编），将处理各项普通及特种交易的会计原理及实务，以及汇集各项交易记录而编制决算表的方法，依次叙述清楚。潘序伦认为，读者若照此方法而编成决算表，其外表形式完全可以达到适当、明了的要求。他进一步指出，就一份决算表而言，形式适当、简单明了固然重要，但其内容正确更为重要，对决算表加以分析与解释、掌握其应用方法也相当重要，因此，各置一编（第七编、第八编），对这些内容加以阐述。

潘序伦认为，《会计学》的内容除了包含企业经营存续期间的各项会计事务，还应当包含企业终止（解散清算及破产）时的会计事务（第九编），以及业主死亡后的会计事务，即遗产及信托会计（第十编），这样才能称之"有始有终"。

《会计学》1935年第一版分编体系概括如下：

总纲（第一编）

业主生存时之会计

企业进行中之会计

决算表之编制

一般企业

会计之记录（第二编）

会计之实务（第三编）

特种企业

特种组织

合伙会计（第四编）

公司会计（第五编）

特种业务之企业——工业会计（第六编）

决算表之内容——财产之估价（第七编）

决算表之应用——分析与解释（第八编）

企业终止时之会计——解散清算及破产（第九编）

业主死亡时之会计——遗产及信托会计（第十编）

总之，潘序伦认为，《会计学》的编制原则是内容简约明了，理论前后一贯、一脉系之。具体来说，全书立论之主干是，以流动资产表示企业的偿债能力，以固定资产表示企业的投资财力，因此流动资产应以时价为准，而固定资产则以成本为准。关于账户分类、决算表编制与排列、财产评估与其分析解释等理论，均以此理论为依据。

(二) 1938 年 6 月第一次修订本（四册本）

《会计学》在编写过程中历经多次修改，但由于其作为学校教材急用，出版较为仓促，潘序伦对其内容不甚满意，在使用过程中，国内会计学家也提出不少意见、建议。此外，《会计学》出版后的数年间，破产法①和关于征收所得税的各项法规②陆续公布施行，该书第七编、第九编关于财产估价、和解、破产各章的内容，都有按照现行法律规定予以补充及修正的必要。

因此，潘序伦于 1937 年 7 月开始修订《会计学》，在顾准的协助下，历经半年而成。《会计学》修订本于 1938 年出版，是为"民国二十七年修订本"。修订期间，顾准曾多次对该书的编排结构提出异议，但潘序伦认为，分编与不分编，各有利弊，两者的优点不能兼有，而缺点亦难以完全避免；为了避免对原书进行大幅度的改动，仍然采用原书的分编体系，但各编内容有不少修订之处。

第一，《会计学》原本第一编采用演绎法论述资产负债表及损益计算书，并作为全书的纲领。而第二编第四、第五、第六等章，讨

---

① 1906 年《大清破产律》颁布实施，两年后被废除。此后，清政府修订法律馆、北洋政府法律编查会先后起草《破产法草案》，最终无果而终。1935 年 6 月 1 日，国民政府立法院第四届第 22 次会议审议《破产法草案》，共 159 条，并以全票获得通过。1935 年 7 月 17 日，国民政府正式对外公布《中华民国破产法》，并附有《破产法施行法》6 条，10 月 1 日正式实施，1934 年颁布的《商人债务清理暂行条例》被宣告废止。

② 1936 年 7 月，国民政府公布《所得税暂行条例》，规定营利所得起征点为 2 000 元，报酬所得起征点为月入 30 元。条例颁布后，引起各地商会的讨论。1937 年 1 月 1 日，营利事业及存款利息所得税全面开征。1937 年 1 月，上海律师公会成立所得税暂行条例研究委员会，一面提出修改意见，要求减免，一面表示，"本公会拥护良税，素不后人"。1943 年 1 月，国民政府又公布《财产租赁出卖所得税法》将所得税扩展到财产税类别。1943 年 2 月，国民政府提高了起征点，但同时也提高了税率，强化了罚则。根据国民政府财政部统计，国库收入中所得税由 1937 年的占比 4.15% 上升到 1940 年的占比 16.34%。

论交易记载、借贷原理和簿记方法时，又经常夹杂采用归纳法。潘序伦认为这一做法"草率矛盾"，因此修订时一律采用演绎法。

第二，按照国内实际情形及实践，对《会计学》部分内容进行了调整。例如，原本第二编第七章、第八章讨论普通账户的设置及第七编关于资本公积准备各章，内容过于浅显，因此修订时几乎全部重写，使其程度加深，与本书其余各章相当，同时适应当时国情。潘序伦认为，企业组织日趋复杂，常以各项凭证单据代替账簿之应用，普通会计学生对此实务应当有所知晓，因此在第三编会计之实务中，增加单据代替账簿之应用一章。原书第七编第四十章认为偿还负债也是一项资本支出，但这与一般观点相异，因此修订版将此观点予以删去。

第三，因应现行法律、法规之要求，对部分内容加以修订、重撰或附于文中。例如，原书第九编关于和解会计、破产会计两章，都根据现行破产法各项规定重新撰述；而在财产估价各章中，均附述现行所得税征收须知之资产估计规则各项规定，以资参考。

第四，当时，国内会计名称渐趋统一，潘序伦等编撰的《会计名辞汇译》已经出版，因此《会计学》原用会计名词，在本次修订中大多予以改正。例如，"总账"改为"分类簿"，"分录簿"改为"日记簿"。英文方面，controlling account 原译"统驭账户"，改为"统制账户"；system of internal check 原译"内部牵制组织"，改为"内部牵制制度"；vouchers payable register 则由"付款凭单簿"改译为"付款凭单登记簿",等等。

因此,虽然潘序伦对《会计学》原有的分编体系予以维持,但其中内容改动较多,补充、修订甚至重撰者不少,篇幅也有增加,故由原来的上下两册改为四册。

《会计学》第一次修订本全书分十编72章,并附"中英会计名词对照表"。第一、第二编共15章为第一册(本册列有"会计学总目录"),第三、第四、第五编共23章为第二册,第六、第七编共19章为第三册,第八、第九、第十编共15章及附录为第四册。全书目次见表2-1。

表2-1 《会计学》1938年第一次修订本分册目次

章次	名称
第一册	
第一编	绪论
第一章	会计之基本观念
第二章	资产负债及资本——资产负债表
第三章	损益——损益计算书
第二编	会计之记录
第四章	交易之记载与账户之设置
第五章	借贷之原理
第六章	簿记之方法
第七章	通用账户之设置——首次负责账户
第八章	通用账户之设置——购货销货账户

（续表）

章次	名称
第九章	通用账户之设置——费用收益账户
第十章	账簿组织之演进——特种日记簿之设置
第十一章	账簿组织之演进——统制账户之应用
第十二章	结账前账目之整理
第十三章	账户之分类与排列
第十四章	决算表之编制
第十五章	单式簿记
第二册	
第三编	会计之实务
第十六章	购货与销货之实务
第十七章	付款凭单制度
第十八章	寄销会计
第十九章	分期付价销货会计
第二十章	支店会计
第二十一章	现金与银行往来之处理
第二十二章	票据之处理
第二十三章	机要分类簿制度
第二十四章	内部牵制制度
第二十五章	单据代替账簿之应用
第二十六章	预算统制法
第四编	合伙会计
第二十七章	合伙企业
第二十八章	合伙创立时之记录

(续表)

章次	名称
第二十九章	合伙损益之分配
第三十章	合伙之入伙与退伙
第三十一章	合伙之合件与转让
第五编	公司会计
第三十二章	公司之组织
第三十三章	股份之发行及管理
第三十四章	公司盈余之分配
第三十五章	公司债
第三十六章	公司之增股与减股
第三十七章	公司之合件
第三十八章	合并决算表
	第三册
第六编	工业会计
第三十九章	工业会计之特质
第四十章	工业会计之组织
第七编	财产之估价及其会计上之处理
第四十一章	财产估价概说
第四十二章	资本支出与收益支出
第四十三章	现金与应收账款及票据
第四十四章	存货
第四十五章	短期投资应收收益及预付费用
第四十六章	长期投资
第四十七章	长期投资利息之计算

(续表)

章次	名称
第四十八章	固定资产
第四十九章	固定资产之折旧
第五十章	机器器具房屋土地及递耗资产
第五十一章	无形资产
第五十二章	负债估价之原则及其要点
第五十三章	流动负债及或有负债
第五十四章	固定负债
第五十五章	资本
第五十六章	盈余及公积准备
第五十七章	损益之决定及其处理
	第四册
第八编	决算表之分析与解释
第五十八章	分析与解释概说
第五十九章	比率分析解释法
第六十章	比率之比较与标准比率之应用
第六十一章	趋势分析解释法
第六十二章	图表之应用
第九编	企业之解散清算与和解破产
第六十三章	清算概说
第六十四章	清算资产负债表之编制
第六十五章	清算事务之处理及其记录
第六十六章	清算决算表册之编制
第六十七章	剩余财产之分派

(续表)

章次	名称
第六十八章	和解会计
第六十九章	破产会计
第十编	遗产及信托会计
第七十章	遗产及信托会计概说
第七十一章	遗产会计
第七十二章	信托会计
附录	中英会计名词对照表

潘序伦认为,《会计学》内容较为丰富,适合作为大学商学院、文法学院经济学、商业专科学校的会计学教材。学时安排上,每册内容及篇幅可供一学期使用,全书分两学年四学期,并建议给予12学分。由于第二册内容较繁,而第四册内容较简,他还建议,若第二学期教完第二册有困难,可留数章至第三学期继续教授,第三册部分内容依次留至第四学期。

潘序伦指出,授课老师可将施仁夫、唐文瑞之《会计问题》作为学生学习《会计学》的补充材料,或选定与《会计学》各编内容及程度相当的问题,予以讲解,以帮助学生掌握。他还建议,教授本书第三册时,应令学生兼读黄组方之《决算表之编制及内容》作为参考。

《会计学》每一章后面都附有问题和习题,习题详解另行出版。授课老师须凭学校证明书方可向商务印书馆购买。

(三) 1948 年 12 月第二次修订本（四册本）

《会计学》于 1948 年 12 月再次修订出版，称"民国三十七年修订本"，仍为四册十编，第一册列有"会计学第一、第二册总目录"。

《会计学》第二次修订本各编名称基本未作变动，但部分章节变化较大，如原第二编第十五章"单式簿记"、第五编第三十八章"合并决算表"等删除，第三编"会计之实务"仍为十一章，但各章名称、次序调整，变化较多。如此等等，限于篇幅，不再详述。

二、读者更广的简编之作《高级会计学》（潘著会计学节本）

《会计学》出版后，潘序伦认为该书内容过丰、难度亦深，不适于程度较浅的读者，于是交由王澹如将其内容删去大半，潘序伦重新编辑，改为《高级会计学》。《高级会计学》初稿曾用油印讲义在立信会计补习夜校试教两次，效果较好，师生均认为较为适当，方于 1934 年 9 月由商务印书馆正式出版、发行。该书以潘序伦《会计学》（上下册）为母本，因此，出版时附加题名"潘著会计学节本"。陈文麟参与了该书的编辑、复核工作，出力不少，但其不愿列名，因此编者只署潘序伦、王澹如二人。为了便于教师批改课卷，另由陈文麟、甘允寿编著《高级会计学习题答题》，于 1935 年 2 月由商务印书馆出版发行。

《高级会计学》虽为"潘著会计学节本"，但与《会计学》原书相比，内容更加具体、细致，类似于会计学简易读物，这也是立信会计丛书"同一内容一详一简、一深一浅两个版本同时出版"的一贯做法。《高级会计学》书名中所谓"高级"二字,并非指其程度较《会计学》更为高深,而是为了与潘序伦编著的《高级商业簿记教科书》相对应,且其内容略深于普通簿记和初级会计教材。

《高级会计学》的编著方法和理论依据与《会计学》相同,全书共分22章,其中,第一章至第三章概述会计学基本原理、原则,第四章至第十二章讨论各种企业的会计记录,第十三章至第二十章就资产负债、损益相关问题进行研究,第二十一章对资产负债表、损益计算书所列各项数值进行分析、解释,第二十二章讨论企业清算时的会计原则及方法。具体章节如表2-2所示。

表2-2 《高级会计学(潘著会计学节本)》目次

章次	内容
第一章	会计之基本观念
第二章	资产负债及资本——资产负债表
第三章	损益——损益计算书
第四章	簿记之方法
第五章	账簿之组织
第六章	账户之分类与排列
第七章	决算表之编制
第八章	商业之组织
第九章	创立企业之记录

(续表)

章次	内容
第十章	合伙财务之处理
第十一章	公司财务之处理
第十二章	制造工业之会计记录
第十三章	财产估价概说
第十四章	资本的支出与收益的支出
第十五章	流动资产
第十六章	长期投资
第十七章	固定资产与折旧
第十八章	无形资产
第十九章	负债
第二十章	资本
第二十一章	决算表之分析与解释
第二十二章	企业之解散清算与破产

与《会计学》原书相比，《高级会计学》中关于簿记方法及账簿组织等内容，压缩较多，成为两章；而决算表编制与分析方法、财产估价标准等，也只是简略述及。

潘序伦认为，《高级会计学》可供国内大学或高中商科二年级学生使用，适用于已在一年级学习过簿记或初级会计者；已读过潘序伦《高级商业簿记教科书》的读者，尤其适合学习《高级会计学》，因为该书的编辑标准之一就是与《高级商业簿记教科书》相衔接。

而商科大学的会计学课程若安排为两年时间以求深造，则以潘序伦《会计学》（上下册）作为教材较为适宜。

此外，本书每章之后均附有相当数量的问题和习题，以备教师为学生挑选练习之用，但数量均少于潘序伦《会计学》，本意也是减少本书的篇幅。如需增加习题，则可从潘序伦《会计学》一书中选取。

三、回归本真的正名之作《会计学教科书》（原《高级会计学》）

（一）《会计学教科书》1935 年初版

前节已经述及，《高级会计学（潘著会计学节本）》之所谓"高级"并非指其内容如何深奥，而在于其作为潘序伦《高级商业簿记教科书》之后续，内容较普通簿记、初级会计教材略深，但读者对于其中的"高级"二字经常产生误会。因此，《高级会计学》出版不久，潘序伦就开始依据教学实践对其内容进行修订，作为高级中学及补习学校簿记会计之用。1935 年 9 月，《高级会计学》第一次修订版作为"立信会计丛书"之一种由商务印书馆出版，潘序伦将其更名为《会计学教科书》，以避免原书名中"高级"二字之误解。《会计学教科书》一书出版时，书名附近加注"原名 高级会计学"字样，编著者署名仍为潘序伦、王澹如两人。

《高级会计学（潘著会计学节本）》作为教材使用时，第十二章

"制造工业之会计记录"、第十六章"长期投资"两章内容较深、而说明过简,初学者不易学习理解,因此修订为《会计学教科书》时将"制造工业之会计记录"一章略去,并将"长期投资"一章尽量节短,使之适合于会计学生第二学年之程度。

其他较为重要的修订有:第二十二章中"企业解散清算破产时之会计处理方法"部分,当时的民法及公司法中,均仅止于清算,而不涉及破产,因此将破产会计删去;会计原理方面,多数学者认为偿还负债不应作为资本支出,潘序伦接受了这一意见,在第十三章中依此观点做了修改。

目次结构方面,《会计学教科书》共二十一章,与《高级会计学》相比,仅减去了第十二章,其后各章依次前移。限于篇幅,不再详细罗列。

(二)《会计学教科书》1940年第二次修订本

《高级会计学》完成第一次修订并以《会计学教科书》之名出版后,潘序伦认为该书仍有不足之处,因此,结合各校教师、会计界同仁在该书使用过程中提出的修改意见,再次修订。

1940年6月,《会计学教科书》第二次修订本[①]出版。本次修订的主要内容包括:

第一,统一名词。当时,潘序伦与顾准合编的《会计名辞汇译》

[①] 根据《会计学教科书》各版次序言,该书版次与《高级会计学》接续计算,此处"第二次修订本"实为《高级会计学》第二次修订本、《会计学教科书》第一次修订本。以下各版次同理。

已经成熟，名词趋于统一，因此，《会计学教科书》所用之会计名词根据《会计名辞汇译》全部予以改正。

第二，恢复"制造业会计"。"制造工业之会计记录"曾为《高级会计学》之第十二章，但由于程度过深、教学不便，曾在修订为《会计学教科书》时予以删除。此次修订过程中，潘序伦认为制造业会计是学习估价问题的必备知识，因此重新安排了这方面的内容，即第十章"制造业会计"，但该章实际内容并不限于制造业的成本会计制度，且与《高级会计学》原书相比更加容易学习。

第三，调整章节、减少冗余内容。《高级会计学》原书第二章"资产负债及资本——资产负债表"、第三章"损益——损益计算书"之关于资产负债表与损益表之编制方法与第七章"决算表之编制"一章略有重复之处，因此将第二章、第三章精简、合并为一章，作为第一章，并称为"会计之基本概念"；原第一章"会计之基本概念"改为"绪论"，仍列于各章之前。

原书第八章"商业之组织"、第九章"创立企业之记录"，与合伙会计、公司会计分述，业界人士对此意见较多，本次修订将这两章内容并入合伙公司财务各章之中，不再另立专章。

原书第十四章第五节"短期投资"、第十五章"长期投资"合并为一章，作为第十五章"短期投资与长期投资"，内容修改较多。其中，长期投资之利息计算部分，予以删去，以方便教学。

第四，重新编写内容。例如，原书第五章"账簿之组织"，对于特种日记簿及专栏之应用,所用的说明方法不易为读者理解,因此其大部分内容予以重新编写。

修订版第十九章"资本"、第二十二章"企业之解散及清算",遵从潘序伦《股份有限公司会计》[①]《会计学》两书改正,并将原书材料中不切合当时商业理财实务的内容,悉数删去。

《会计学教科书》第二次修订本与其前身《高级会计学》一样,为22章,但章节结构有所变化(表2-3),第一章至第五章概述会计学基本原则、会计记录的普遍方法,第六章至第九章讨论合伙公司会计问题,第十章为制造业会计,第十一章至第二十章就资产负债、损益相关问题进行研究,第二十一章对资产负债表、损益计算书所列各项数值进行分析、解释,第二十二章讨论企业清算时的会计原则及方法。

表2-3 《会计学教科书》1940年第二次修订本目次

章次	名称
第一章	会计之基本概念
第二章	簿记之程序
第三章	账簿之组织
第四章	账户之分类与排列
第五章	决算表之编制

---

① 《股份有限公司会计》,详见本书第四章第二节。

（续表）

章次	名称
第六章	合伙财务之处理
第七章	合伙财务之处理（续）
第八章	公司之组织及其创立记录
第九章	公司财务之处理
第十章	制造业会计
第十一章	财产估价概说
第十二章	资本支出与收益支出
第十三章	现金应收账款及其他流动资产项目
第十四章	存货
第十五章	短期投资与长期投资
第十六章	固定资产与折旧
第十七章	无形资产
第十八章	负债
第十九章	资本
第二十章	利益之决定
第二十一章	决算表之分析与解释
第二十二章	企业之解散及清算

关于《会计学教科书》的学时安排，潘序伦认为其适合一学年内每星期3学时的教学进度，其中第一学期可教至第十章（制造业会计）或第十二章（资本支出与收益支出）。第二章至第四章、第六章至第九章的内容，有一部分已见于潘序伦《高级商业簿记教科

书》，在《会计学教科书》中重新出现主要是供温习之用，如果要求在一个学期内完成教学任务，则可将该部分内容酌量删减，并以每星期 4 学时的授课进度进行安排。

(三)《会计学教科书》1948 年第三次修订本

1948 年 1 月，《会计学教科书》第三次修订本出版。本次修订不涉及章节变动，仍为二十二章，修改的主要内容包括：

第八章"公司之组织及其创立记录"、第九章"公司财务之处理"关于公司的法律根据，依照 1946 年 4 月 10 日修订的公司法予以更正；相关的会计名词也按照规范的正确名称，予以修正。

制造业会计相关内容，曾在《会计学教科书》1935 年第一次修订时因不便初学者理解、学习而删去，于 1940 年第二次修订时因其重要性而恢复。潘序伦认为，这一章不易教授的原因很多，其中一个重要原因是学生未能区分制造业会计和成本会计，学生认为制造业会计就是成本会计，而他们将来仍要学习成本会计，因此在学习制造业会计时难免会有敷衍塞责。因此，本次修订增加一节，以说明制造业会计和成本会计的区别。此外，由于制造业会计的结账计算方法较为繁复，本次修订时将其中的存货之调整方法，一律改用借存货（资产）、贷存货（成本之抵销项目），以资简洁；并将期初存货直接列入制造成本或损益栏，使损益表可直接根据损益栏编制，制造成本表可直接根据成本栏编制。潘序伦认为，这样处理将更加易于教授、理解。

清算之各项表册，也予以修订，使各表之关系更趋密切，以便前后对照，方便教学；潘序伦还根据多数教师之意见，将坏账准备之记账方法部分予以削减。

四、深入浅出的初级读物《基本会计学》

潘序伦于20世纪30年代开始，先后编著、出版《高级商业簿记教科书》《会计学》《高级会计学》《会计学教科书》，这些书籍在当时产生了极大影响，都曾重版重印[①]至数十次之多，国内修习簿记、会计的学生和职业青年少有未曾读过这些书籍者。经过十多年的发展，到20世纪40年代，国内会计学的基本理论逐渐改进，会计记录汇总分析报告等方法随着理论上的变化，而发展成为实务上的变化。潘序伦认为前述诸书已都有彻底改编或重写的必要。

潘序伦认为，国内大学商学院和管理学院教授普通会计学课程，一般需要连修两年，第一年为初级会计学、第二年为高级会计学，其所著《会计学》（四册本）即如此安排。但有些学校只以会计学为一年级的必修课程，则《会计学》《会计学教科书》并不适合使用，因此，潘序伦计划编写一部完整的初级会计学教程，其内容要多于一般的《初级会计学》教材，学生读完这本书就可

---

① 中华人民共和国成立前，版次与印次不分，不论图书内容改动与否，每印刷一次，即作为一版。因此，此处的"增订再版"其实是指增订本（或修订本）的第二次印刷。1953年1月，中央人民政府政务院出版总署发布《关于图书、杂志版本记录的规定》，并于1954年4月修订为《关于图书版本记录的规定》，将版次与印次分开，内容经过较大增删后出版方变更版次。

以对会计学有比较全面的了解，而不必再修习高级会计学课程；为了与传统的《初级会计学》有所区别，潘序伦决定将其定名为《基本会计学》。

1940—1945年，潘序伦在重庆期间为《基本会计学》编订目录，并开始着手编写，但终因杂务所耽，最后未能成书。此后数年，因工作变动等原因，此事遂被挂起。

1949年春，潘序伦重拾旧事，开始为编写《基本会计学》做准备工作。1950年2月正式动笔，7月初该书由立信会计图书用品社出版。编撰工作得到了不少业内同仁的协助，出力较多的有立信会计研究编译所的同事顾洵、卢贻珍、钱素君[①]等，立信会计学校的学生孙庆元、欧阳锐铃等。潘序伦夫人张蕙生根据自身授课经验，为该书编辑配套习题，以《基本会计学习题》之名单独发行，并由欧阳锐铃完成编写《基本会计学习题答解》（1950年6月出版），以作为教授之参考。

《基本会计学》全书共30章（表2-4），内容着重在会计记录、汇总、分析、报告等方法的叙述，仅在第一章"会计的基本观念"和第三十章"会计的基本理论"简明叙述会计的基本观念和理论，而将更多的会计原理、原则都掺杂于会计方法中，以使学生不致感到理论过于抽象、难于理解。

---

① 钱素君(约1894—1980年)，潘序伦"三位一体"立信会计事业的主要支持者和参与者。编著《查账法》《会计学教程》《会计学》（钱素君、夏治潜）等；翻译《营业预算》《会计制度——设计及设置》（钱素君、孙庆元）、《审计学原理》（张蕙生、钱素君）等。

潘序伦认为，会计学在教学时最困难的部分是"会计循环"中编制结算工作底表（结账计算表）及调整结账等，统制账户及辅助分类账的设置和运用尤其难于被初学者理解。因此，《基本会计学》采用"螺旋式"叙述法，即进行多次重复讲述、由节而全、由简入繁、由易到难，每次叙述都有一部分是对已经讲述过的资料的复习，另有一部分则是新资料的加入。这一方法在潘序伦编著《高级商业簿记教科书》等教材时已经采用过，但在编写本书时应用更多。

据潘序伦在《基本会计学》序言中介绍，该书第二十章"分部会计"、第二十三章"制造业会计"、第二十九章"决算表的分析"、第二十四章"永续盘存制度"之后半章直接译自美国著名会计学家斐内[①]编著的《会计学原理》1948年第三次改订本之第二十七章、第二十二章、第三十章和第二十九章。潘序伦对斐内评价颇高，认为其著作一向有"深入浅出"的特点，这几章的内容也是如此，因此直接采用，并加以说明。

根据潘序伦的课程设计，《基本会计学》教材应在两学期授完（每星期3学时），如果授课时间不足或学生学习程度不高，第二十章之后各章内容的授课情况可以酌情删减。

---

① 斐内（Harry A. Finney，1886—1966年），美国著名会计学家，由其编写的《会计学原理》(Principles of Accounting)在当时被誉为最具权威性的会计学教科书，是各大院校的首选教材，并受到会计界教育人士的一致好评。也有译为芬尼、雯内。

潘序伦在《基本会计学》序言中推荐了同期面世的同类教材，如李鸿寿、朱世杰①编著的《初级会计学教程》②，其程度相当于潘著《基本会计学》；钱素君编著的《会计学教程》③，其程度相当于潘著《基本会计学》的后半部。同时，潘序伦还透露，他将另编一部《高级会计学》作为大学第二学年学生继续学习普通会计学的课本，预计次年（即1951年）夏季出版④。

1983年，因应改革开放的需要，王澹如参照潘序伦1950年版《基本会计学》体例重编新书。新版《基本会计学》定位为研习外国企业会计的初级读物，以西方国家的股份有限公司为论述对象，介绍现代西方国家（主要是美国）的企业会计基本理论和方法。为便于读者全面、系统掌握会计处理的基本方法和技术，全书以手工操作为主。内容方面，除潘序伦、王澹如《基本会计学》原著外，还参考美国约翰逊（Glennl L. Johnson）和根特里（James A. Gentry）所著 *Finney and Miller's Principles of Accounting-introductory*⑤ 之第

---

① 朱世杰，著有《初级会计学教程》（李鸿寿、朱世杰）、《初级会计学教程讨论提纲及习题》（李鸿寿、朱世杰）、《初级会计学教程讨论提纲及习题答解》等。
② 立信会计图书用品社1951年8月出版。
③ 立信会计图书用品社1951年8月出版。
④ 应当是指立信会计图书用品社1951出版的《高级会计学教材》，该书包括三个分册，分别是：第一分册"会计循环及决算表"，第二分册"固定资产"，第三分册"流动资产及其他资产"。详细资料待补充，南开大学图书馆等有收藏。
⑤ 该书也称 *Principles of Accounting*, by Harry A. Finney and Herbert E. Miller，原著斐内（Harry. A. Finney）和米勒（Herbert E. Miller），包括三卷，即《会计学原理——初级篇》（*Principles of Accounting, Introductory*）、《会计学原理——中级篇》（*Principles of Accounting, Intermediate*）和《会计学原理——高级篇》（*Principle of Accounting, Advanced*），1932年首次出版。

7版（1970年）、第8版（1980年），娄尔行①对书稿进行了审阅。全文定稿后曾由上海财经学院（现上海财经大学）举办的"中外合营企业会计讲习班"用作参考教材，正式出版前根据授课意见进行了增删。

1983年6月，新版《基本会计学》由知识出版社出版，作为"新编立信会计丛书"之一种，编者署名与1950年版本相同，仍为潘序伦、王澹如两人。1983年11月，立信会计图书用品社以《基本会计学——西方会计》之名出版该书，并收入该社"立信会计丛书"。

《基本会计学》1983年版的体例虽然参照1950年版本，但两者的目次结构差异较大，单从各章名称（表2-4）难以看出两者之间存在紧密关联。

表2-4 《基本会计学》目次

章次	1950年版本	1983年版本
第一章	会计的基本观念	绪论
第二章	资产负债资本	资产和权益
第三章	账户的设置和借贷法则	会计循环

---

① 娄尔行，编著《基础会计》《中级财务会计》《成本会计学》《审计学概论》《会计审计理论探索》《租赁会计》（娄尔行、张为国）、《资本主义企业财务会计》（娄尔行、王澹如、钱嘉福）、《经济效益审计》（娄尔行、唐清亮）、《审计学概论参考资料》（娄尔行、竹德操）、《财务会计》（娄尔行、王有枚、石成岳）、《会计原理》（杨纪琬、娄尔行、葛家澍）、《经济大辞典·会计卷》（杨纪琬、娄尔行）、《英汉·汉英会计名辞汇译 上海版》（娄尔行等）；翻译《三式簿记和收益动量》。

（续表）

章次	1950 年版本	1983 年版本
第四章	损益账户的设置和结束	会计循环（续）
第五章	分类账和日记账	商业业务
第六章	分类账的试算和结算	实用会计技术
第七章	购货销货事项的记录	报表和总分类账组织
第八章	买卖业会计记录实例	货币性资产——现金和有价证券
第九章	日记账的分校和分割	应收项目和应付项目
第十章	特种日记簿的专栏	存货
第十一章	分类账的分组与统制账户	固定资产
第十二章	账项的调整	债券负债和投资
第十三章	结账编表方法举例	业主权益
第十四章	购货销货事项的管理	业主权益（续）
第十五章	现金和银行往来的处理	股票投资和合并报表
第十六章	票据的处理和记录	收益的确定
第十七章	应付凭单制度	财力状况变动表
第十八章	独资和合伙企业的资本会计	物价水平变动与补充报表
第十九章	公司和合作社的资本会计	财务报表分析
第二十章	分部会计	分店经营
第二十一章	分店会计	寄销业务
第二十二章	寄销会计	制造业务——有关基本概念
第二十三章	制造业会计	企业产品的成本计算

(续表)

章次	1950 年版本	1983 年版本
第二十四章	永续盘存制度	标准成本
第二十五章	会计凭证	责任会计
第二十六章	会计科目的分类和编号	成本—业务量—利润分析
第二十七章	应收账款及存货	计划和预算编制
第二十八章	固定资产	会计的基本理论
第二十九章	决算表的分析	
第三十章	会计的基本理论	

五、应时而生的实务教程《会计学教程》

1949 年，中华人民共和国成立，中国由半封建半殖民地社会进入新民主主义社会。新民主主义经济制度下的会计，在其对象、任务、目标、内容、理论、准则、方法、实务等方面，也发生了新的转变。

当时，各地修习初级簿记会计的学生及职工很多，迫切需要一本适当的会计教科书。但 1949 年之前出版的此类图书，如潘序伦与王澹如合著的《会计学教科书》、潘序伦编著的《会计学》（四册本）等，有的已经停止发行，有的决定在现有存书售完后停止重印，且这些教材已经不大适合当时之用。因此，潘序伦决定编写一本《会计学教程》以供教学之用。

前文已经叙述过,在当时社会经济制度下,主要包括国营经济、合作社经济、农民和手工业者个体经济、国家资本主义经济、私人资本主义经济五种经济成分。因此,潘序伦认为,所要编辑的《会计学教程》也必须包括相应的五种会计成分,以适合于当时中国经济的进程,即从半封建半殖民地经济通过新民主主义经济转入社会主义经济的进程。但限于篇幅,加之立信同仁蔡劲仁①、朱梦熊②正在分别另编初级用的《合作会计》和高级用的《消费合作会计》③,并且即将出版,潘序伦决计不将"合作社会计"列入《会计学教程》。

与《会计学》一样,潘序伦《会计学教程》也分成四册。其中,第一、第二册偏重于私营企业簿记、会计,第三册(另册出版《国营企业会计概要》)关注新民主主义经济中的国营企业会计,第四册(另册出版《苏联会计述要》)聚焦苏联先进的社会主义会计。潘序伦认为,这是追随着新民主主义的革命阶段而对会计一科进行修习的应有步序。

由该书的内容及出版形式可以看出,《会计学教程》四册之间既有关联,也有一定的独立性,因此其使用较为灵活。

潘序伦认为,《会计学教程》适用于财经学院的二年级或会计专

---

① 蔡劲仁,著有《合作会计》。
② 朱梦熊,著有《消费合作会计》《水运企业财务管理》《政府预算会计》(朱梦熊、毛育仪)、《单位预算会计》(朱梦熊、毛育仪、戴剑影)等。
③ 《合作会计》《消费合作会计》均由立信会计图书用品社 1950 年出版。

科学校的第二学期，可在 6 学分的课程中教学完毕；但如果该课程按 4 学分安排，且学生之前已经学习过《基本会计学》，则可把第一册略去，甚至第四册《苏联会计述要》也可一并略去。

此外，《会计学教程》也可用于中等会计技术学校或会计补习学校的学生，但无论作为 6 学分还是作为 8 学分的课程，其内容都显得过多，因此在实际授课安排时应进行删减：注重会计理论或修读过《基本会计学》的班级可省去第一册，而注重会计方法或修读过《高级商业簿记教程》的班级则可省去第二册。

鉴于当时中国社会经济正在发生重大变革，潘序伦认识到《会计学教程》至多只能用来解决 1952 年度进修会计人员的一部分需要。当时中国的"新会计"已决定采取苏联的经验，中国会计学的内容、理论、准则、方法、实务注定将发生重要变化，因此，潘序伦计划编辑适合于当代经济制度之用的新《会计学教程》，但后续并未见有新版《会计学教程》问世。

（一）《会计学教程》第一册、第二册

《会计学教程》第一册、第二册由潘序伦独立完成编写工作，由立信会计图书用品社于 1952 年 1 月出版。两书偏重私营企业簿记、会计，并在书中多处对资本主义会计作了重点的批判，其中的"私营企业会计"是指新民主主义会计中所包含的私营企业会计，而非资本主义社会中的私营企业会计。

《会计学教程》第一册、第二册共 18 章（表 2-5），其中，第一

册含第一章至第八章，189页、15万字，内容相当于潘序伦《基本会计学》，与潘序伦《高级商业簿记教程》接续，注重会计循环的各步程序。

表2-5 《会计学教程》第一册、第二册目次

第一册		第二册	
章次	名称	章次	名称
第一章	会计循环	第九章	资产支出与费用支出
第二章	商业会计的结算编表工作	第十章	固定资产及其折旧
第三章	商业分部会计	第十一章	折旧计算法
第四章	工业会计及其结算程序	第十二章	固定资产的重估价及清理
第五章	制造业的永续盘存制度	第十三章	无形资产与递延借项
第六章	会计科目的分类与编号	第十四章	存货及其计价
第七章	资产负债表	第十五章	存货的特殊计价法
第八章	损益表	第十六章	现金
		第十七章	应收款项
		第十八章	短期投资与长期投资

《会计学教程》第二册含第九章至第十八章，198页、17万字，内容接续第一册，也可以与潘序伦《基本会计学》相接续，其内容注重资产计价及处理的各项理论，使读者能对比较高深的会计原理作进一步的修习。

鉴于私营企业的"资本会计"在潘序伦之前编著的《基本会计学》（1950年7月）、《高级商业簿记教程》（1951年6月）两书中均有论述，私营企业的会计报表分析也已在《基本会计学》中有过论述，相关内容均不再在该教程出现，以节省篇幅。

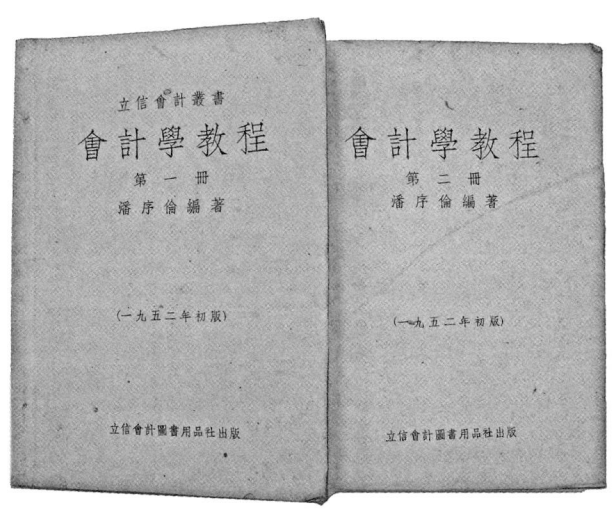

图 2-1 《会计学教程》第一册、第二册封面
(收藏于上海立信会计金融学院松江校区图书馆)

(二)《国营企业会计概要》(《会计学教程》第三册,潘序伦、俞文青[①])

我国国营企业的会计制度,草创于 1950 年,试行于 1951 年。1950 年 4 月 12 日,财政部税务总局在北京召开全国税务会计会议,研究讨论和制定了全国统一的各级税务机关暂行会计制度。10 月 27 日,财政部召开全国预算、会计、金库制度会议,通过了《国营企业财务收支计划(草案)》《国营企业折旧基金提缴办法(草

---

① 俞文青(1928年至今),男,长期从事建设会计财务和投资经济管理的教学与研究工作,发表经济论文 60 多篇,主要著作有《房地产开发企业会计》《房地产开发企业经营管理》《工业企业成本计算》《工业企业会计核算》《固定资金管理》《会计辞典》《建设单位会计》《建设审计学》《建设项目管理学》《建筑企业管理学》《施工企业财务》《施工企业会计》《投资项目管理学》等。

案）》等文件。

1951年11月1日，财政部召开第一次全国企业财务管理及会计会议，修订了各种国营企业统一会计制度、会计人员的职务、权利、责任等问题，较为完整地解决了企业财务管理制度问题，为普遍实行经济核算制打下了基础。

潘序伦与俞文青合编的《国营企业会计概要》即着眼于新民主主义经济中的国营企业会计，其以1951年所施行的制度为基本对象，并附带说到将于1952年施行的最新制度。

1. 1951年11月初版

1951年11月，《国营企业会计概要》作为"立信会计丛书"之一种由立信会计图书用品社出版，封面标注"1951年11月初版""临时版"字样，全书共10章（表2-6）。

《国营企业会计概要》以国营企业的普通会计为叙述讨论对象，并未过多涉及国营企业成本会计方面的内容。对此，潘序伦予以解释：国营企业成本会计的相关资料非常丰富，若将其纳入《国营企业会计概要》一书，恐有喧宾夺主之嫌；而且只读过普通簿记会计的读者也不易了解其内容，需要专门修习，因此在该书中不宜过多涉及。

从内容上看，《国营企业会计概要》可以与潘序伦《高级商业簿记教程》《基本会计学》《会计学教科书》及钱素君《会计学教程》[①]

---

① 钱素君《会计学教程》由立信会计图书用品社于1951年出版。

相衔接。潘序伦认为，已经学习过私营企业会计的读者们可以将《国营企业会计概要》作为补充读物。

当时，我国各部门国营企业的现行会计制度大多带有试行性质，且都正在迅速改进之中，潘序伦自认对于国营企业会计的研究及经验都较为贫乏，且《国营企业会计概要》的编著有为立信会计学校及其他各校授课应急之意，因此该书并不成熟。潘序伦预计数月后《国营企业会计概要》的内容就将变得陈旧、不合时事，因此计划次年春天根据最新会计制度进行彻底修正。

2. 1952年3月第一次修订本

1952年年初，我国国营企业会计制度进行较大修改，为尽快形成全国统一会计制度的框架，《国营企业统一会计报表及会计科目》、《国营企业决算报告编送办法》[①]、《国营企业提缴折旧基金及利润的会计处理方法》等开始施行。这些会计制度力图克服1950年统一会计制度未能注意与计划配合的这一弱点，不仅运用将实际数与计划数进行比较这一普遍适用的方法，而且从有利于监督计划完成这一任务出发，变更资产负债表的格式及其项目分类方法的设置。

在此背景下，潘序伦、俞文青二人于1952年3月对《国营企业

---

① 1955年1月31日，国务院发布《国营企业决算报告编送办法》，废止政务院财政经济委员会1952年1月26日公布的《国营企业决算报告编送暂行办法》[中央人民政府政务院财政经济委员会命令(52)财经计(财)字第107号]及其补充规定。2000年6月21日，国务院发布《企业财务报告条例》代替，2001年10月6日，被《国务院关于废止2000年底以前发布的部分行政法规的决定》(中华人民共和国国务院令第319号)正式废止。

会计概要》进行第一次修订，潘序伦在该书"第一次修订本例言"中明确指出，该书内容接续其《会计学教程》第二册，作为该教程第三册而写，修习过潘序伦《高级商业簿记教程》《基本会计学》，顾询《商业簿记教程》①，钱素君《会计学教程》的读者也可以接续阅读本书。

《国营企业会计概要》修订本共14章，后附两套总习题，与初版相比变动较多（表2-6）。其中，第一、第二、第六、第九、第十、第十二章等及第四章的大部分由潘序伦完成，其余各章由俞文青编写，两人相互校审，最后由潘序伦定稿；余宣②、姚嘉椿③、邹曾侯④等对国营企业会计富有研究及具有实际经验的学者曾多次校读，加以订正。所附习题由潘志琴解答，另行出版《国营企业会计概要习题答解》。

表2-6　《国营企业会计概要》目次

章次	1951年初版	1952年修订本
第一章	绪论	绪论
第二章	会计科目	经营资金的来源及运用、会计科目的分类

---

① 《商业簿记教程》由立信会计图书用品社于1951年出版。
② 余宣，曾发表《统一成本会计与成本计算原则》（载于《立信会计学刊》1951年18期），《略论凭单日记账制的两种基本形式》（载于《工业会计》1955年第11期）等。
③ 姚嘉椿，曾发表《近世苏俄经济建设概况》（载于《安徽大学学报：哲学社会科学版》1933年第3期），《电业成本计算规格述要》（载于《新会计》1951年第6期）等。
④ 邹曾侯，编著《会计学讲义》（邹曾侯、王逢辛），翻译岐雷斯彼（Cecil Merle Gillespie）所著《标准成本会计》（邹曾侯、纪洪天），发表论文《从资产负债表着手的谬误》（载于《立信会计季刊》1949年第17期）等。

(续表)

章次	1951年初版	1952年修订本
第三章	资金来源	基本建设
第四章	基本建设	固定资产及提出资产
第五章	固定资产	大修理折旧及大修理基金
第六章	流动资产	定额资产
第七章	损益计算	清算及其他资产
第八章	盈亏处理	负债
第九章	会计报表	生产费用及产品成本
第十章	普通会计事务处理程序	损益计算
第十一章		盘亏处理
第十二章		会计报表
第十三章		普通会计事务处理程序
第十四章		总复习例题
附录		总习题

《国营企业会计概要》修订版仍以国营基层企业的会计为叙述对象，并不涉及企业管理机构及主管部门的会计。同时，限于篇幅，论述较为简略，基本上以国营工业企业会计为主要对象，贸易、农林、交通企业的会计从略，原因在于国营工业企业是国营企业中的典型，而工业企业会计又是国营企业会计的范则。至于有关国营企业管理机构的会计及其他各类企业的会计，潘序伦当时计划列入拟另行编著的《国营企业会计》加以详述。

关于国营企业的成本计算，修订版只在第九章有所涉及，但并未涉及成本计算的具体问题。潘序伦在《国营企业会计概要》初版中称拟将另行编著《国营企业成本会计概要》加以详述，作为《国营企业会计概要》的接续；《国营企业会计概要》修订版出版时，潘序伦称成本会计相关内容将会列入更为详备的《国营企业会计》之中。但《国营企业成本会计概要》《国营企业会计》均未见出版。

《国营企业会计概要》修订本（封面见图 2-2）以 1952 年度所施行的国营企业会计制度为叙述对象，兼及政务院财政经济委员会于 1952 年 1 月发布的《基本建设工作暂行办法》《国营企业提用企业奖励基金暂行办法》等重要法规。该修订本与初版相距仅仅三个月时间，较为仓促，而当时国营企业会计制度仍在建设之中，因此，潘序伦预计该版本可以使用至 1952 年年底或 1953 年年初，之后需进行第二次修订，以不断适应国营企业会计制度的变化，但目前并见有后续修订本，疑该计划未实施。

（三）《苏联会计述要》（《会计学教程》第四册，潘序伦、徐可南）

1949 年中华人民共和国成立后，我国实行"一边倒"的外交方针，在国际斗争中与以苏联为首的社会主义阵营站在一边，并同苏联及东欧各人民民主国家签订了诸多政治、军事、经济、科技、文化及其他各种专项协定和议定书等。相应地，在会计领域，我国也决定采用苏联经验建立"新会计"。

为了方便国内读者学习当时苏联先进的社会主义会计理论知识，潘序伦决定，其《会计学教程》第四册专门介绍苏联会计的若干基本原理、方法和制度,并以《苏联会计述要》之名单独印行。《苏联会计述要》由潘序伦和徐可南合作完成,1952年1月出版(封面见图2-2),邹曾侯、顾询、潘葆墀、孙庆元参与原书及校样的校阅工作。

图 2-2　《国营企业会计概要》《苏联会计述要》封面
(收藏于上海立信会计金融学院松江校区图书馆)

据编者在《苏联会计述要》例言中叙述,该书的编译参考了多种苏联会计学著作,书中观点也以这些参考文献为据,主要包括:

《簿记核算原理》,(苏)弗·哥·马卡洛夫著,中国人民大学簿记核算教研室译,中国人民大学出版社1951年出版。

《苏联会计学基本教程》,(苏)葛莱赫(Е.И.Глейх)著,祝百英、孙庆元、纪洪天译,立信会计图书用品社1951年出版。

《苏联会计学教程》,(苏)葛尔培林、吉博立索夫著,王矩先、刘鸿勋译,东北化学工业管理局经理处 1951 年出版。

《苏联最重要的会计领导材料》,(苏)美列兴(В. Мелехин)、(苏)马尔古里斯(А. Маргулис)著,甘雨农译,东北人民政府财政部编,东北人民出版社 1951 年出版。

《资产负债表结构原理》,(苏)阿发那西也夫(А. А. АФАНАСЬЕВ)著,中国人民大学研究部编译室译,人民出版社 1951 年出版。

《工业簿记教程 第 10 章 投资核算底特点》,(苏)木·赫·日布拉克(М. Х. Ξεσρακ)著,中国人民大学研究部编译室译,中国人民大学出版社 1950 年出版。

《苏维埃贸易底簿记核算》,(苏)诺·约·依利因(Н. И. Ильчи)著,中国人民大学簿记核算教研室译,中国人民大学出版社 1950 年出版。

北京《新会计》月刊①第 1 期至第 11 期中各篇苏联会计论文的译文。

至于苏联会计名词的翻译与应用,《苏联会计述要》采取两种处理办法:(1)原文直译名称与我国所用名词的含义完全相同者,直接采用我国原有名词;(2)原文直译名称与我国所用名词的含义较

---

① 《新会计》月刊是中华人民共和国成立后第一本全国性会计月刊,创刊于 1951 年 1 月,杨纪琬任主编,由新会计月刊社编辑,北京新潮书店发行。该刊办刊方向是介绍苏联会计经验,刊载政府会计法规,为编著会计教材做准备,研讨会计专门问题,辅导大众会计学习,详解会计疑难问题。自 1952 年 1 月第 14 期起,该月刊由立信会计图书用品社北京分公司出版。1952 年 2 月停刊,共出 14 期。

为接近，但不完全相同者，则采用苏联原名之直译名称，并附我国所通用的名词。

潘序伦将《苏联会计述要》定位为苏联会计研究者的初级入门读物，因此所有苏联较为高深的会计原理、较精细的会计方法和较专门的会计制度等内容，均未在该书中叙述。此外，一些比较普通的会计原理和方法，如借贷法则、过账方法及部分账簿报表的格式和编制方法等，因与我国普通簿记、会计书籍所述内容大致相同，也一律从简。因此，该书篇幅较小，仅约 8 万字，分章情况如表 2-7 所示。

表 2-7　《苏联会计述要》目次

章次	名称
例言	
第一章	绪论
第二章	会计的对象
第三章	表示经营资金的运用及其来源的会计科目
第四章	表示经营过程的会计科目
第五章	会计凭证
第六章	账簿组织
第七章	日记分类账、多栏卡片账和分日记账
第八章	本期发生额对照表
第九章	盘存
第十章	会计报表
第十一章	会计机构和主管会计人员

潘序伦认为,《苏联会计述要》还可以作为普通簿记会计课程的补充读物,凡学习过潘序伦的《高级商业簿记教程》《基本会计学》《会计学教科书》,顾询的《商业簿记教程》,李鸿寿和朱世杰的《初级会计学》,钱素君的《会计学教程》的读者均可以将其作为补充读物。

第三章

潘序伦成本会计教程沿革

潘序伦的成本会计教程包括译著、编著两部分，均以劳伦斯①所著的 Cost Accounting 为基础。潘序伦根据该书版本变化情况，及时全文翻译引进，以《成本会计》《劳氏成本会计》之名出版，同时编著《成本会计教科书》《初级成本会计》等教材，供国内教学和学术研究之用。

一、全文引进翻译之作《成本会计》

20世纪30年代，国内工厂开始讲求科学管理方法，逐渐注重于产品的成本计算，而各大学及专科学校，也开始开设成本会计课程。执业会计期间，潘序伦经常受各工厂委托，为其创设成本会计制度，其中遇到的第一个困难就是各厂的会计员非常缺乏相关知识，因此一直想编撰一部较为详备的成本会计教材，供各厂相关人员参考之需。

当时，国内成本会计学科领域的研究人员和实施场所缺乏，也

---

① 劳伦斯（William Beaty Lawrence，1882—1947年），美国著名会计学家。其重要著作除《成本会计》(Cost Accounting)，还有《战争生产成本核算》(Cost Accounting for War Production, 1942)等，曾为全美照相雕工协会（American Photo-Engravers Association）编制《全美照相雕工协会标准成本系统手册》(Manual of the Standard Cost System of the American Photo-engravers Ass'n, 1938)、《理论与实践中的标准量表》(The Standard Scale, in Theory and Practice, 1947)。

没有相关资料可供参考。因此，潘序伦决定引进、翻译西方相关文献，供国内人士进修、学习之用。

经过综合权衡，潘序伦选定劳伦斯所著 Cost Accounting 一书作为引进目标。Cost Accounting 于 1925 年出版后，受到各方热烈赞许，不仅被欧美各大学及商学院作为教材使用，还被各国成本会计学家作为重要参考资料，曾被多国翻译、出版、应用。该书在苏联建设强大工业国与美国实行《全国工业复兴法》之时[①]，应用尤为普遍。潘序伦认为该书说理透彻、举例详明，因此决定将其引入中国，供学界、业界使用。

潘序伦邀集施仁夫、莫启欧[②]、王逢辛、唐文瑞、吴菊初[③]等参与 Cost Accounting 的翻译或校对，并由施仁夫、唐文瑞两人翻译习题之详解部分，全部工作于 1933 年 12 月前完成。1934 年 2 月，译稿以《成本会计》之名由商务印书馆正式出版。

潘序伦的 1934 年版《成本会计》以劳伦斯英文原著 1930 年第

[①] 1925 年 12 月，联共(布)第十四次代表大会宣布了实现社会主义工业化的方针，决定优先发展重工业。1933 年 6 月 16 日，美国国会通过《全国工业复兴法》(National Industrial Recovery Act)，该法案的主要内容是限制资本利益，促进和保障劳工权益。因经济危机而惊慌的资本家们出于各种原因，勉强接受了罗斯福总统对这一法案的解释；但经济危机逐步缓解时，资本家及其代言人转而激烈批评《全国工业复兴法》。1935 年 5 月 27 日，美国最高法院裁定《全国工业复兴法》违宪。

[②] 莫启欧(1912—1994 年)，长期从事我国企业会计制度的制定、修订和审定工作，中外合资企业会计制度的主要起草人，晚年研究中国会计准则课题。著作有《会计数学》(李鸿寿、莫启欧)等，翻译《会计学中的数量方法》(李鸿寿、莫启欧)、《南斯拉夫社会簿记局条例》(莫启欧、胡宝昌)、《中外合资经营企业会计》(莫启欧、龙云高、鞠新华)等。

[③] 吴诚之(1914—1988 年)，原名吴菊初，会计学教授。曾参编由杨纪琬教授主编的我国第一本高等财经院校会计专业统编教材《会计原理》，参编《工业会计》《会计辞典》，担任上海财经大学会计教材丛书《基础会计》第一副主编，发表论文多篇。

一次修订版为蓝本,全书体例等遵从原著,并无大改。但其中的成本会计各项专门术语,当时我国并无相应译名,潘序伦认为此次翻译不尽完善,遂将所有译名刊作附录三"中译英文会计名词"作为参阅,留待再版时更正。《成本会计》1934年版本目次如表3-1所示。

表3-1 《成本会计》1934年版本目次

章次	名称	章次	名称
第一章	成本会计之概念	第十七章	月终之结算记录
第二章	成本之分类	第十八章	分析报告表编制
第三章	分步成本会计制度	第十九章	比较报告表之编制
第四章	分批成本会计制度	第二十章	特殊成本问题
第五章	成本记录之应用	第二十一章	争辩未决之问题
第六章	统驭账户之应用	第二十二章	投资利息应否记作成本问题
第七章	账户之分类与编号	第二十三章	图表之应用
第八章	材料之管理与会计	第二十四章	成本之相关价值
第九章	材料之存储与领用	第二十五章	估计成本制度
第十章	材料之计价	第二十六章	标准成本之设置
第十一章	人工成本	第二十七章	标准成本之应用
第十二章	人工成本之特殊问题	第二十八章	审计上之便利
第十三章	制造费用	第二十九章	统一成本会计制度
第十四章	厂务部成本之分配	附录一	问题及习题
第十五章	制造费用之分配	附录二	实习题
第十六章	制造及推销成本	附录三	中译英文会计名词

《成本会计》一书理论与实务并重,其中除了研究成本会计中各步骤的原理、原则,对于成本会计理论在近代制造工业中的应用也予以详尽阐述。总体上讲,内容分三大部分:一是成本会计的性质、重要意义及其功用,二是成本会计的原理,三是成本会计的实施方法。

为使读者易于明了、快速融会贯通,掌握成本会计各方面知识,《成本会计》附有各种实例、图解和表解。各种表格中所用的数字,大多互相关联,使读者更易练习。

劳伦斯认为,会计学科的理论学习与实践经验,两者不可偏废,研究成本会计尤其不能仅凭书本知识。这与潘序伦的会计教育思想不谋而合。因此,《成本会计》在篇末附有问题及习题多则(附录一),并附有实习题一则(附录二)。问题依章排列,使读者重温书中各章所述会计原理及实务;习题、实习题虽然较为简易,但涵盖成本会计制度的整个运用,具有很强的实用性。潘序伦翻译《劳氏成本会计习题》,与《成本会计》配套使用,并由商务印书馆于1935年1月另册出版。

关于《成本会计》的使用范围,潘序伦认为,该书既可供各大学及专科学校作为教材使用,也可供成本会计学家及工厂管理员参考,对于培养一般良好之成本会计员也较为恰当。

二、删繁就简改编之作《成本会计教科书》(潘译成本会计节本)

潘序伦于1934年翻译劳伦斯所著的 Cost Accounting 第一次修订

本，并以《成本会计》之名出版，以解国内学校授课之需。但他认为该书内容过丰，不大适合高中商科及职业补习学校教学之用，也不易被各工厂会计水平较低的会计员所理解。因此，潘序伦按照自编著《初级商业簿记教科书》起创立的"立信会计丛书"编制方法，将劳伦斯所著 Cost Accounting 之全译稿（即潘序伦译《成本会计》）删繁就简，而成《成本会计教科书》，于1934年9月出版，封面印有"潘译成本会计节本"字样。该书目次情况如表3-2所示。

表3-2 《成本会计教科书》目次及课时分配

章次	名称	课时数
第一章	成本会计之概念	3
第二章	成本之意义及其分类	3
第三章	成本会计之制度	1
第四章	分步成本会计制度	3
第五章	分批成本会计制度	2
第六章	成本记录之应用	4
第七章	材料——购进及收入	4
第八章	材料——存储及领用	5
第九章	人工	4
第十章	制造费用	4
第十一章	制造费用之分配	3
第十二章	制造及推销成本	4
第十三章	决算表之编制	4

(续表)

章次	名称	课时数
第十四章	成本之比较及标准成本	2
第十五章	成本会计之特殊问题	2
附录	实习题	
	总学时	48

《成本会计教科书》与《成本会计》原书相比，更加通俗易懂，全书一气呵成，更加易于学习。潘序伦详解《成本会计教科书》各章习题而成《成本会计教科书习题详解》，由商务印书馆出版。

施仁夫参与了《成本会计教科书》的编撰工作，但未署名。

三、原著新版改译之作《劳氏成本会计》

潘序伦译《成本会计》于1934年出版后，先后被多个学校作为教材使用。但潘序伦对该书并不满意，原因有二：一是该书的翻译出版较为仓促，译文与原文并非完全贴合，所拟各项术语译名均为试译性质，尚有改进的余地；二是劳伦斯原书的编制次序及资料内容也并非尽善尽美，尚存不少部分需要讨论、改良。因此，潘序伦计划根据译本自行改编一个版本，以切合实际使用。

（一）《劳氏成本会计》1939 年改译本

劳伦斯于1936年冬天对其 *Cost Accounting* 进行第二次修订，将该书第一次修订以来成本会计方面的新发展，尽量纳入其中，并根据实际经验，将各项成本的表示方法加以改善，遵照教学实践中一般教师的要求调整了内容次序；为了因应《罗宾森-帕特曼法》①之颁行，增设两章叙述销售成本，作为发行成本之讨论；标准成本一章几乎全部重新撰写，内容大为扩充；对于标准差异的各种记账方法，也更加注重；较之原著，各章习题增改达三分之二。劳伦斯认为，该书可供一般成本会计学家参考之用，但主要是供相关学校作为教材使用，作为学生求学基础的教科书不应当刊载未经证实的各种理论。因此，修订过程中他坚持以稳健态度讨论各方面问题，对于带有试验性质而尚未确定的各种理论，不予叙述。

潘序伦阅后，认为劳伦斯 *Cost Accounting* 第二次修订本已对原书未尽人意之处作了适当的修改，自己另编新书的意义大为下降。于是，潘序伦自1938年冬开始重译该修订本，历经三个月，于1939年1月完成，由商务印书馆出版，书名冠以原作者汉译姓名之首字，称为《劳氏成本会计》，以在名称上与施仁夫翻译的《陀氏成本会计》②等有明显区别。《劳氏成本会计》1939年改译本目次如表3-3所示。《劳氏成本会计》各章习题与《成本会计》相比增改达

---

① 《罗宾逊-帕特曼法》(*Robinson-Patman Act*)颁布于1936年，其目的是通过修正《克莱顿法案》(*The Clayton Act*)防止厂商差别待遇，保护小竞争者。因其主要是为了抵制不断增长的杂货连锁店势力，尤其是大西洋与太平洋茶叶公司(Great Atlantic & Pacific Tea Co,简称 A&P)，通常也被称为《连锁店法案》。

② 《陀氏成本会计》，原名 *Cost Accounting：Principles and Practice*，美国会计学家陀耳(James L. Dohr)、因格拉姆(Howell A. Inghram)著，施仁夫译本于1938年3月出版时取第一作者汉译姓名之首字"陀"命名为《陀氏成本会计》，该书配套之《陀氏成本会计实习题》同时翻译、出版。

三分之二，由上海立信会计师事务所的唐文瑞、吕仁一[①]助译以《劳氏成本会计习题》之名单独出版，译者署名"潘序伦"；习题详解则由夏治濬[②]改译，并由潘序伦之侄潘志甲[③]修订，另本印行《劳氏成本会计习题详解》，以便学生及教师分别采用。

表3-3 《劳氏成本会计》1939年改译本目次

章次	名称	章次	名称
第一章	成本会计之重要及功用	第十七章	分析决算表之编制
第二章	成本制度及成本之分类	第十八章	比较决策表之编制
第三章	账户之分类及编号	第十九章	分步成本会计制度
第四章	辅助分类账及成本记录	第二十章	分步成本会计制度（续）
第五章	分批成本会计制度概说	第二十一章	标准成本
第六章	材料之管理与会计	第二十二章	差异之分析
第七章	材料之存储及领用	第二十三章	标准成本之会计记录
第八章	材料之计价	第二十四章	标准成本之会计记录
第九章	人工成本	第二十五章	估计成本制度
第十章	人工成本之特殊问题	第二十六章	特殊成本问题
第十一章	制造费用	第二十七章	投资利息应否记作成本问题
第十二章	厂务部费用之分配	第二十八章	图表之应用
第十三章	制造费用之分配	第二十九章	审计上之便利
第十四章	发行成本之统制	第三十章	统一成本会计制度
第十五章	发行成本之统制（续）	附录	中译英文会计名词
第十六章	月终之结账记录		

① 吕仁一，著有《统计及商业调查》等。
② 夏治濬，编著《会计学》（钱素君、夏治浚），翻译《陀氏成本会计习题详解》等。
③ 潘志甲，编著《国际工业发展》，翻译《决算表之分析及解释》，发表论文《清代蒙政之史的考察》《企业预算中之现金部分》等。

当时，潘序伦等编著的《会计名辞汇译》已经出版数年并经过第一次修订，所有各项术语译名在国内逐步统一，因此《劳氏成本会计》1939 年改译本的术语大有改进。潘序伦对本书颇为满意，认为采用此译本作为学校教科书或会计员的参考书，将会增加不少便利。

（二）《劳氏成本会计》1950 年改译本

劳伦斯 Cost Accounting 经 1930 年、1936 年两次修订后，以英、日、中、西班牙等语种出版，被会计界广泛应用，1946 年 2 月，劳伦斯对该书进行第三次修订，将成本会计学科在前数年间所有一切进步与发展全部涵盖其中，以期有助于解决第二次世界大战（1939—1945 年）结束后全世界工业所面临的重建及改造问题。劳伦斯 Cost Accounting 第三次修订本出版后，潘序伦即心生改译《劳氏成本会计》之意，但因公务繁杂，无暇他顾，暂未动笔。

1949 年 10 月中华人民共和国成立后，国内业界对成本会计的研究与推行日益重视。1950 年春，潘序伦终于摆脱冗务，继续开展研究编译工作，并于完成《高级会计学》[①] 和《公司会计准则绪论》[②] 两书后，开始着手《劳氏成本会计》的改译工作。

此次翻译，潘序伦仍然坚持尊重原著原意原则，在会计理论方面与原著有出入者，保存著者原意，不予更改，以存其真；而文字

---

① 《高级会计学》信息，详见本章第二节。
② 《公司会计准则绪论》信息，详见本章第三节。

方面则力求通俗化，使其易于理解。

为使《劳氏成本会计》新译本能在1950年春季各校开学前印出，以适应各级学校教学之需，潘序伦安排萧克木①补译该书新版各习题及总实习题补译，另册出版，译者署名潘序伦、萧克木两人。当时，东吴大学教授费文星②已于授课之余完成劳伦斯 Cost Accounting 各章习题及总实习题部分内容的翻译，遂将其初稿交于萧克木，其大部分译文纳入萧克木所译之《劳氏成本会计习题》，费文星先生的风尚值得尊崇。

几乎与此同时，施仁夫完成对《陀氏成本会计》③一书的改译，潘序伦侄女潘兆申④完成《许氏成本会计》⑤的翻译工作，两书分别于1950年3月、1951年7月由立信会计图书用品社发行。至此，当时成本会计领域三大国际名著《劳氏成本会计》《陀氏成本会计》《许氏成本会计》全部引进中国，为中国会计学人完整了解成本会计

---

① 萧克木，翻译有《固定资产》《长期投资与固定负债》《股本盈余股利及准备》《基本建设会计核算》（司徒淳、萧克木）、《存货之管理及计价》（潘序伦、萧克木）、《劳氏成本会计习题》（潘序伦、萧克木，1950）等。

② 费文星（1918—2002年），主讲会计学原理、工业会计、管理会计、财务会计等课程。编著《管理会计学》《管理会计学原理和应用》《西方管理会计的产生和发展》《英汉会计常用词汇》《中国直接税概要》《世界银行项目管理》《会计核算形式》（费文星、石成岳、励培）等，翻译《成本会计原理及应用》《高级成本管理会计学》等。

③ 据美国会计学家陀耳（James L. Dohr）、因格拉姆（Howell A. Inghram）著 Cost Accounting: Principles and Practice 1946 年修订本改译。

④ 潘兆申（1920—1992年），曾任职于立信会计专科学校、东吴大学法学院、上海社科院经济研究所、复旦大学、上海财经大学等。主编《工业企业经济活动分析》，合编《世界银行项目管理》，译有《许氏成本会计》《成本会计学——原理及应用》《英汉会计常用词汇》《斐尼－米勒会计学原理》等。

⑤ 该书原名 Cost Accounting，美国会计学家许乐德（Charles F. Schlatter）著，潘兆申据其1948年修订本翻译，并取其作者汉译姓氏命名以与同名图书区别。潘兆申翻译《许氏成本会计习题》，由立信会计图书用品社1950年11月出版。

学说、领略三位成本会计大师的学术风采提供了便利。潘序伦对此深感欣慰，认为值此举国事业家提倡成本会计之日，三种名著之最新译本必将对我国建设事业产生重要推动作用。

四、双重身份承继之作《初级成本会计》

《成本会计教科书》于 1934 年出版后被国内各学校广泛采用。随着劳伦斯 Cost Accounting 的多次改译及国内会计事业的发展，潘序伦一直想对该教科书加以改编，但因无暇而作罢，延宕十多年。

《劳氏成本会计》1950 年改译本出版后，潘序伦认为，劳伦斯所著的 Cost Accounting 第三次修订本的内容较前一版本更加丰富，但有些内容难度较大，程度较浅的读者不大容易理解，因此欲按"立信会计丛书"的一贯做法另编《初级成本会计》以供中等学校及补习学校教学之用。因此，Cost Accounting 第三次修订本改译工作甫一结束，潘序伦即开始《初级成本会计》的编著工作，最终于 1951 年出版。

因此，《初级成本会计》既是《劳氏成本会计》1950 年改译本的简编，亦可看作《成本会计教科书》的修订版本，其封面标注"第一次修订本"（图 3-1）即指延续《成本会计教科书》之历史。《初级成本会计》书中所用各种图表格式，大都取自新版《劳氏成本会计》，但内容修改较多。

《初级成本会计》目次情况见表 3-4。潘序伦认为，成本会计是

图 3-1 《初级成本会计》1951 年修订本封面
(收藏于上海立信会计金融学院松江校区图书馆)

一门实用科学,教学双方均应注意到重在练习。因此,《初级成本会计》各章均附习题,以供学习之用;另编有习题答解一种,供老师改卷参考。最后附有实习题,并为此实习题另印应用簿册,以供习作时采用。

需要注意的是,当时中国的经济成分比较复杂[①],而《初级成本会计》仅以简单私营工业企业的成本计算为叙述对象。因此,潘序伦特别声明,书中对于成本要素的分类及有关的各种说明,均请读者"用批判方式"阅读。

[①] 主要有五种经济成分,见本书第一章第二节注。

另外,1952 年《初级成本会计》重印时,潘序伦在"重印说明"中特别提出,书中部分专门名词引用的英文注释,并非必要,应予删去。而书中所用金额中的美元符号"＄"应全部改为人民币元符号"￥"。

表 3-4 《初级成本会计》目次

章次	名称
第一章	成本会计之特点及作用
第二章	成本之意义及类别
第三章	分步成本会计制度
第四章	分批成本会计制度
第五章	成本记录
第六章	材料之购进及点收
第七章	材料之存储及领用
第八章	人工成本
第九章	制造费用
第十章	制造费用之分配
第十一章	制造及发售成本
第十二章	决算表之编制
第十三章	标准成本及标准成本制度
第十四章	成本会计中若干特殊问题

第四章

潘序伦公司会计教程沿革

20世纪20年代中期,国内学校教授《公司会计》课程时所采用的教科书都从国外引进,其中的做法遵从外国法律习惯,并不太适合于中国。因此,潘序伦产生编辑一本适用于中国现实的《公司会计》教科书的想法,但因为当时潘序伦身兼立信会计专科学校管理职务,事务繁杂,且自认为对于公司会计的经验还比较欠缺,所以一直未动笔。

在执业会计师的数年间,潘序伦检视了大量的中国公司账目,逐渐积累了一定经验。1927—1928年,国民政府工商部、立法院因修订公司条例之事多次向潘序伦咨询,他也因此对当时中国的公司法进行了深入研究。而公司会计的方法和制度都要依靠法律来规范,因此这一工作为潘序伦编著适用于本国公司的《公司会计》创造了便利条件,其兴趣也更加浓厚。

一、立足会计执业实践的经验之作《公司会计》

(一) 1929年12月初版

1928年,潘序伦完成《公司会计》草稿,但由于事务繁冗,未能进行进一步的整理。次年6月,潘序伦因病离沪到浙江省北部德清县境内的莫干山休养,其间对书稿加以整理,完成定稿,并于1929年12月由立信会计师事务所出版发行。王澹如参与了该书初稿的编著工作,顾询承担了校对工作。出版时署名"潘序伦编著,王澹如助编"。

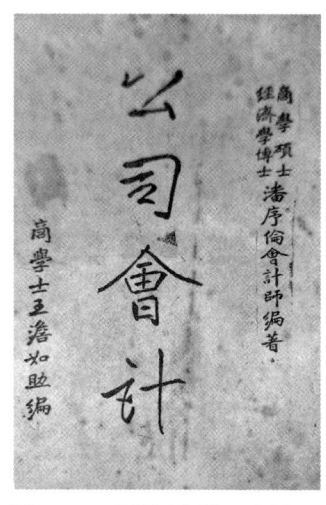

图4-1 《公司会计》扉页

潘序伦所编的《公司会计》适用于商科大学或商科职业中学里的公司会计课程,也可供公司职员尤其是会计科的职员作为参考。该书共19章,目次情况见表4-1。为了平衡各章内容,潘序伦将部分事项分为两章,如第十章、第十一章"公积准备",第十二章、第十三章"公司债及偿债基金",第十五章、第十六章"合并"等。

表4-1 《公司会计》目次

章次	名称
第一章	公司之概念
第二章	公司之设立
第三章	公司之股本
第四章	公司之机关与集会
第五章	公司之特备册簿
第六章	公司特有之会计科目
第七章	公司创立时之会计记录

(续表)

章次	名称
第八章	库藏股本及其关于股本之会计记录
第九章	赢利之分配
第十章	公积准备
第十一章	公积准备
第十二章	公司债及偿债基金
第十三章	公司债及偿债基金
第十四章	决算报告书
第十五章	合并
第十六章	合并
第十七章	公司之改组
第十八章	公司之解散
第十九章	公司之清算

(二)《公司会计》第一次修订之谜

潘序伦曾于1938年1月在《股份有限公司会计（原名公司会计）》"第二次修订本序言"中称"旧作公司会计一书，成稿于民（国）十八年间，经二十年第一次改订后，屈指迄今，已历七载"；后又于1947年9月在《股份有限公司会计》"第三次修订本序言"中称"拙著公司会计初稿，于民国十八年付梓，二十年一为修订"。由此推断，《公司会计》应在1931年（民国二十年）进行了第一次"改订"或"修订"。但目前各大图书馆、数据库均未见有该书"第一次修订本"书目，《公司会计》《股份有限公司会计》各版本中，也未见收录"改订序言"或"修订序言",这与潘序伦每有修订必撰修订序言(即便修订幅度不大,也会有简要说明文字)并附之前各版本序言的惯常做法①不符。

目前见到的属于这一时期的《公司会计》版本有 1930 年 8 月的"增订再版",而潘序伦撰写"第二次修订本序言"发生于 1938 年 1 月,两者相隔七年五个月,这一时间段与该序言称"已历七载",虽不完全精准,却也差不多,符合惯常说法。因此,该"增订再版"可能就是潘序伦在第二次、第三次修订本序言中所说的"第一次修订本"版本。但如此认定存在两大难点:一是不符合潘序伦通常做法(最大的原因可能是本次"增订"距离该书 1929 年 12 月初次出版仅有八个月时间,内容变动不大,因此编者未作特别提示,也未专门撰述"修订序言");二是潘序伦在后续两次修订本的序言中明确指出,"第一次改订"发生于 1931 年,目前无法证明这一说法是潘序伦本人对修订具体年份的记忆错误。无论如何,1930 年 8 月的《公司会计》"增订再版"版本应当是与"第一次修订本"最为接近的一个版本。另外,在后期版本中曾看到有 1931 年"修订四版",则可能是该版本之第四次印刷。

此外,《公司会计》曾被商务印书馆作为"立信会计丛书"之一种而出版,四川大学图书馆藏《公司会计》之版权页称该书

---

① 例如,《股份有限公司会计》1938 年第二次修订本收录 1929 年 11 月"第一版序言"、1938 年 1 月"第二次修订本序言",1947 年修订本在此基础上增收 1947 年 9 月"第三次修订本序言"。

"1933年8月初版，1934年11月第三版"。该书仅有"序"，并无"修订序言"，全书分十九章，其目次如表4-2所示。

表4-2 《公司会计》目次

章次	名称
第一章	公司之概念
第二章	公司之设立
第三章	公司之股本
第四章	公司之机关与集会
第五章	公司之特备册簿
第六章	公司特有之会计科目
第七章	公司创立时之会计记录
第八章	库藏股本及其关于股本之会计记录
第九章	公司赢利之分配
第十章	公司公积之提存及处理
第十一章	公司准备之设置及处理
第十二章	公司债
第十三章	偿债基金
第十四章	决算报告书
第十五章	公司之合并——创立合并
第十六章	公司之合并——租借与保股公司
第十七章	公司之改组
第十八章	公司之解散
第十九章	公司之清算

可以看出，《公司会计》商务印书馆1933年8月版的内容结构与立信会计师事务所1929年版非常接近，但部分事项在立信1929年版中以两章叙述，商务印书馆1933年版则直接予以分章，如，第十、第十一章"公积准备"改为"公司公积之提存及处理"和"公司准备之设置及处理"，第十二、第十三章"公司债及偿债基金"改为"公司债"和"偿债基金"，第十五、第十六章"合并"改为"公司之合并——创立合并"和"公司之合并——租借与保股公司"。

因此，商务印书馆1933年8月版《公司会计》的内容可能与立信1930年8月版相同，均属于潘序伦所说1931年"第一次修订本"，前者所谓"初版"可能是指商务印书馆于1933年8月首次从立信会计师事务所引进该书，"第三版"也只是表明1934年11月进行第三次印刷，而非真正意义上的版次变化。

《公司会计》第一次修订本究竟何时出版发行、其修订情况如何，均有待进一步考察，需要发现更多资料。

二、"寄望甚厚""力求完备"的满意之作《股份有限公司会计》

《公司会计》第一次修订（1931年①）后，潘序伦对该书仍不满意，认为完稿较为仓促，"取材未见精审，研究未臻周详"，即有改订之意，但其当时忙于编著会计学、审计学等教科书，致使《公

---

① 按潘序伦所作"第二次修订本序言""第三次修订本序言"，当为1931年。见前节。

司会计》一书的第二次改订在多年之后方才进行。

（一）1938年第二次修订本

1936年，潘序伦主持的"立信会计丛书"编辑工作告一段落，因此，潘序伦有一定的空闲时间。潘序伦对《公司会计》进行改订，定于1937年秋出版，但在完成制版工作后，由于日本发动全面侵华战争而停印。

但战事也使得潘序伦有时间对《公司会计》书稿继续增删、修订，时任立信会计师事务所编辑科副主任的顾准协助修订。当时的公司有四种类型①，如果将四种公司的会计特点逐一阐述，其内容必然芜杂异常。因此，潘序伦决定将内容限于股份有限公司会计，书名也随之更改为《股份有限公司会计》，并加注"原名公司会计"字样。全书于1937年年底定稿，1938年1月完成序言写作，1938年8月商务印书馆首次出版，称"民国二十七年修订本"，也称"第二次修订本"（系从《公司会计》连续计算版本）。本修订版中，王澹如未列名。

潘序伦希望该书立足于本国国情，因此改订为《股份有限公司会计》时，根据最新法令（如破产法），实例（如公司发行债券、合并改组等日益丰富），以及潘序伦十年来的研究心得，进行较大幅度

---

① 1914年北洋政府《中华民国公司条例》、1929年南京国民政府《公司法》均规定工商企业分为无限公司、两合公司、股份有限公司、股份两合公司四类。1946年国民政府《公司法》增加有限公司、外国公司两类。

的修改、补充，以使其更加适合读者需要。书中提到一些国内尚未出现的欧美公司习惯做法，也以中国法令及习惯为示例，用以详加说明和比较。

为了平衡各章内容，《公司会计》曾将部分事项分为两章。在新版《股份有限公司会计》中，潘序伦删除所有空泛而不必要的概论，同一事实的叙述一律归并为一章，以使编著体例更加合理。潘序伦认为，如此处理虽使每章的内容多少不均，但与原书相比，更加便于研究、学习。书后还附有《公司法》。

《股份有限公司会计》共14章（表4-3），分上下两册，其中第一章至第九章第四节为上册，第九章第五节至第十四章及附录为下册。

表4-3 《股份有限公司会计》1938年第二次修订本目次

章次	名称
第一章	概论
第二章	设立
第三章	创立记录
第四章	股份
第五章	组织及管理
第六章	决算及盈余之分配
第七章	盈余公积准备
第八章	股利及分红

(续表)

章次	名称
第九章	公司债
第十章	股本之增减
第十一章	合并
第十二章	合并决算表
第十三章	解散及清算
第十四章	和解及破产

随着所得税各项暂行法规陆续颁布，南京国民政府于1937年开始征收所得税。按照相关法规，股份有限公司决算时如有盈余，应当缴纳盈利所得税，从而导致公司盈利的分配发生许多变化。但是，所得税的一些法律问题，如税率、资本、免税及计算方法等，大都尚未确定。潘序伦认为，所得税是另一专门会计科目，非本书篇幅所能详述，因此在《股份有限公司会计》一书中，除第六章讨论盈余分配时根据所得税暂行条例及施行细则加入所得税计算外，其余各章均略去所得税问题，以求简便。

总体来看，《股份有限公司会计》虽是《公司会计》改订之作，修订版次随从《公司会计》，且封面加注"原名公司会计"字样，但两者的内容实际大不相同，潘序伦认为"等于新著"。潘序伦对《股份有限公司会计》一书寄望甚厚，因此力求完备，结果也较为满意，认为本书堪称"中国公司会计"。该书1938年出版当年就至少印刷六次。

此外,《股份有限公司会计》除第一章、第二章、第五章只有问题外,其余各章均附有问题和习题,以便于教学、自修。这也是《公司会计》所没有的。

陈福安[①]为本书习题编写《股份有限公司会计习题详解》,并附有其于1938年9月24日提出的使用建议:一是提示授课教师不必拘泥于书本,若学生的解答方法与本书相异,但与会计原理并无不合,或能够言之有理,都应当予以认可;二是对于带有讨论性质的习题,建议授课教师在课堂上安排学生交流不同的解答方法。

(二) 1947年第三次修订本

1945年9月29日,《公司法》修订案获立法院商法委员会通过,并于1946年4月12日颁行。该法共十章361条,融合了以前颁行的所有公司法、公司登记规则及其他补充办法的内容,引进了有限公司制度,并首次增设了外国公司章节,为规制外国投资者来华经营提供了便利,篇幅大为增加,规定更为详细,内容大为丰富,是中国近代法制史上最为完整、成熟的公司法。

《公司法》研议之时,潘序伦在重庆工作生活,故多次与国民政府立法院公司法起草委员张肇元、盛振为等商讨其内容。潘序伦不仅提供了多年的研究成果及经验所得以资参考,甚至还讨论到法律

---

① 陈福安,著有《银行会计》《陈编银行会计习题详解》《股份有限公司会计习题详解》《银行会计》(顾准、陈福安)、《会计学概要习题答解》(储宝敏、陈福安)、《潘著会计学习题答解》(沈慰苹、陈福安)等。

条文的字句及次序等详细内容，基本解决了《股份有限公司会计》1938年第二次修订本中提及的《公司法》存在的问题。

潘序伦认为，随着新《公司法》的公布施行，《股份有限公司会计》一书也应进行相应修订。但潘序伦公私事务繁杂，无暇执笔，于是商请顾福佑①承担具体修改工作，将书中涉及《公司法》的部分，按照新法加以改正。顾询完成了校阅工作，最后由潘序伦亲自增删、定稿，于1947年9月出版，是为"第三次修订本"，也称"民国三十六年修订本"。

《股份有限公司会计》第三次修订本仍为上下两册14章，且各章名称未变，书后附最新版《公司法》，不再赘述。

---

① 顾翼(1917—1993年)，又名福佑。立信会计专科学校第一届毕业生，后在大夏大学、立信会计专科学校等任教，曾创办同信会计师事务所、建信会计师事务所。1978年参与发起组建上海市会计学会，1979年担任复校后的立信会计专科学校副校长，1983年任上海会计师事务所(前身是1981年成立的上海公证会计师事务所)主任会计师。

第五章

潘序伦会计制度著作举要

潘序伦在其职业生涯中，不仅重视会计理论研究和会计鉴证实务操作，还非常注重会计制度建设，并做了大量相关工作。潘序伦邀请具有丰富经验的业界专家编写各行业会计制度，亲自编撰《中国政府会计制度》，组织实施会计审计法规的汇编、出版工作，使相关从业人员有章可循，这些著述极大地促进了中国会计审计工作的制度化、规范化。

一、《各业会计制度》

（一）《各业会计制度》第一集、第二集

20世纪30年代，我国的商科学校大多已经设立各业会计制度课程，但其所用的教材大都来自英、美国家，因此所述内容均以其本国的情形为依据，与我国实际并不相符，适用性较差。有感于此，潘序伦于1933年以《立信会计季刊》杂志名义约请专家编写各业会计制度，为工商业采用新式会计制度创造条件。

潘序伦要求各业会计制度的内容既切实用又合理论，因此写作难度较大，至1934年夏共得9篇，作为《各业会计制度》第一集于

1934 年 8 月出版。其目次如表 5-1 所示。

表 5-1　《各业会计制度》第一集目次

序号	篇目名称	作者
1	航业会计	国营招商局总稽核　李云良
2	国外汇兑会计	浙江实业银行副经理　章乃器
3	农业仓库会计	江苏农民银行分行会计主任　王士企
4	证券经纪商会计	新华信托储蓄银行副经理　孙瑞璜 立信会计师事务所附设会计夜校教员　王逢辛
5	进出口业会计	上海北极冰箱公司会计主任　张希龄
6	火险业会计	交通银行稽核员　施永范
7	旅馆业会计	立信会计师事务所稽核员　陈启运
8	电影院会计	立信会计师事务所稽核员、立信会计学校教务主任　李鸿寿
9	私立中学会计	中央研究院会计员　郭庆林

该书刊行后，受到广大读者的欢迎，印书一售而空。1935 年，《各业会计制度》第一集准备重印之际，该书第二集的文稿也已完成。潘序伦认为，《各业会计制度》的第一集、第二集都包含普通商业会计及成本会计，读者利用起来不太便利，因此对内容进行调整，其中第一集为商业会计制度，第二集为成本会计制度。同时，他还继续约请国内专家撰述其他重要行业的会计制度，以待再版时增入其中。

《各业会计制度》第二集共 10 篇论文，于 1935 年 5 月出版。1934 年 7 月 22 日潘序伦在浙江教育厅附属机关会计人员讲习所有关立信会计学校经营经验的演讲内容，以《学校成本会计》为题收入其中。《各业会计制度》第二集目次如表 5-2 所示。

表 5-2　《各业会计制度》第二集目次

序号	篇目名称	作者①
1	卷烟厂成本会计	南洋兄弟烟草公司会计主任　娄延桢
2	橡胶厂成本会计	立信会计师事务所会计师兼计核科主任　钱乃澄
3	出版业会计	商务印书馆总账股及统计股股长　赵叔诚 商务印书馆计核科科长　梁铭铨
4	电厂会计	立信会计师事务所会计师兼计核科副主任、时任国民政府建设委员会会计主任　许敦楷 立信会计师事务所计核科副主任　郭驹
5	煤矿业会计	立信会计师事务所稽核科副主任、时任国民政府中央信托局稽核科科长　韩曼涛
6	纱厂成本会计	天津南开大学商学士　吴石城
7	纺织厂成本会计	上海章华毛绒厂会计主任　莫启欧
8	牛奶业会计	上海畜植牛奶公司会计主任　陈述之
9	火柴梗枝厂成本会计	上海光华大学商学士　朱介人
10	学校成本会计	立信会计师事务所主任会计师　潘序伦

这些会计制度由各行业富有会计工作实践经验者编撰，以各行业实行的制度为蓝本，结合学理和撰写人的个人体会而拟订，虽不

---

① 本表作者单位及职务均依原书目次页照录。

具有法律上的强制性,但在客观上促进了同一行业间会计核算和成本计算的规范化。潘序伦认为,这些会计制度不仅可作为各大学商科的教材,对于相关行业的会计员、会计师理解会计学原理及实施情形也具有参考价值。

(二)《各业会计制度》第三集(原《专业会计制度》,李鸿寿)

1942—1943年,时任立信会计专科学校校长的李鸿寿在教授"会计制度"课程时,带领该校第二、第三届学生到各工商企业参观访问,由学生分组设计某行业的会计制度,共得论文50多篇,经他本人审阅修改,选取具有实用性的8篇归成一辑《专业会计制度》,于1943年9月由立信书局出版。《专业会计制度》目次见表5-3。

表5-3 《专业会计制度》目次

序号	篇目名称	作者
1	缫丝厂会计制度	殷继武,姚守仁
2	植物油厂成本会计制度	许萃林,严瑞奎,陈慧贞
3	造纸业会计制度	周慧娟,曹国芬,沈美群
4	公共汽车公司会计制度	沈玉森,王燮
5	日报业会计制度	朱杏珍,丁琪,周乐熙
6	医院会计制度	郁曾培,龚肇扬,毛志明
7	图书馆会计制度	孙金钺,陈文海
8	话剧团会计制度	吴玉英,龚如冰

1950年11月,立信会计图书用品社将《专业会计制度》作为

"立信会计丛书"之一种再版,并更名为《各业会计制度》第三集,以与潘序伦编著《各业会计制度》第一集、第二集相衔接,并在扉页印有"原名专业会计制度"字样。

二、《中国政府会计制度》

(一) 1941 年初版

《中国政府会计制度》一书由潘序伦、顾准合作完成,并得到张蕙生、王成杰的协助。该书原稿油印本曾由编者在各校试用,结果较为满意,并根据试用情况作了一些修订,交由立信会计图书用品社发行。

目前尚未见到《中国政府会计制度》最初版本,关于该书的初版时间,现有资料还存在一些矛盾。孔夫子旧书网(https://www.kongfz.com)在售图书《中国政府会计制度》

图 5-1 《中国政府会计制度》
(上海立信会金融学院图书馆收藏)

"民国三十一年新一版"版权页标称"中华民国三十年二月初版";四川大学图书馆所藏《中国政府会计制度》1944 年修订本"修订版例言"亦称该书"系于(民国)三十年二月初版",但其版权页又标称"中华民国二十八年六月初版发行"。本书暂以较晚的 1941 年

2月作为《中国政府会计制度》初版的出版发行时间,具体时间有待进一步考证。

《中国政府会计制度》初版共21章,含附录共428页,初版目次情况如表5-4所示。

表5-4 《中国政府会计制度》初版目次

章次	名称
第一章	绪论
第二章	财务机关
第三章	预算
第四章	预算科目及书表
第五章	预算之执行
第六章	收支程序与国库制度
第七章	政府会计之组织及其种类
第八章	单位会计概说
第九章	经费类会计之记录
第十章	岁入类会计之记录
第十一章	单位会计之凭证与账簿
第十二章	单位会计之报告
第十三章	公库法实施前之"一致规定"
第十四章	统一会计制度
第十五章	财物会计
第十六章	附属单位会计

(续表)

章次	名称
第十七章	中央政府总会计
第十八章	省市县地方会计
第十九章	决算
第二十章	会计交代
第二十一章	审计
附录	旧普通官厅用簿记，中央政府总会计之若干问题，公库法实施后关于单位会计制度之改订问题，主要主计法规
补编	关于岁出应付款之处置问题，关于岁入应收款之处置问题，所属机关经费存款户之设置问题

其中，第一章"绪论"对政府财务及近代政府财务制度、政府会计的意义和范围、我国政府会计沿革等进行了论述。

当时一般观点认为，近代政府通常直接经营各种经济事业，因此所谓"政府会计"与营利事业会计之内容并无相异之处，且包含各种营利事业会计之全体事项。因此，政府会计的范围似乎非常广泛。潘序伦对此并不认同，他认为这一分类过于粗浅，政府会计应仅限于政府的一般财务活动；公营事业（如政府直接办理的铁道事业，国营事业中的矿局、工厂与银行等）的财务处理，虽与政府财务发生关系，但其管理经营方法与私营事业并无差异，因此相应的会计内容也为一种专业会计，即铁道会计、矿局会计、工厂会计、银行会计等，并不属于通常所说的政府会计范畴。潘序伦将这一观点体现在其《中国政府会计制度》一书之中。

关于我国政府会计的沿革，潘序伦认为，民国以前，我国政府会计并未形成规范、合理的制度。当时政府机关通用的会计报告，只有一种记载款项收支情况的"四柱清册"①；民国初期，仿效日本政府会计制度进行了一些改革，但政府会计的会计科目、簿记报表，仍然以款项收支之记录与报告为限，而中央总会计及省县地方会计之整个制度，仍未有适当之拟定。

1931年4月，国民政府成立主计处。1932年7月，主计处会计局颁布《中央各机关及所属统一会计制度》②，并编制实例（共五种，分册印行）。其后数年，预算、公库、会计、决算、审计等重要主计法令陆续颁行，整个财务行政制度逐步建立起来，政府会计逐渐趋向完善，政府会计法令大体完备。

但在潘序伦看来，各级政府的会计建设工作，当时仍处于进行时期，尚未完备。因此，《中国政府会计制度》一书的内容主要以现行各项主计法令为依据，论述政府会计的各项程序与方法，凡属普通公务机关、公有营业机构、中央及地方地府之预算、决算、会计、审计等，均有详细讨论；对于新颁有关法令，但尚未定有施行日期者，以及被偏远地方仍旧应用的旧制度，均酌量附入，以资参考比较；对于其中一些为当时会计制度不具备的，或尚未根据已实施的

---

① 所谓"四柱"，起源于唐代。自宋代称旧管、新收、开除、实在，其规则"旧管＋新收－开除＝实在"，相当于现在会计术语的"期初结存＋本期收入－本期付出＝期末结存"。

② 雍家源等参与设计。

法令而加以修改的会计制度,仅进行了一般性叙述,并未讨论其实际操作办法,留待政府会计的全部制度逐步出台后,再进行修订。

《中国政府会计制度》一书可作为大学"政府会计"课程的教材使用,也可作为相关机构的会计事务人员、政府会计研究人员的参考资料。潘序伦指出,如果教学时间不敷使用,则可略去第十八章①。该书另编总习题用凭证表册一套,由商务印书馆出版发行。

(二) 1944 年修订版

《中国政府会计制度》出版后,政府会计、审计法规及制度发生较大变化。因此,潘序伦以 1944 年 6 月为基准时间,按现行法规及制度进行修订,以增加其实用性。

立信会计图书用品社曾于 1943 年下半年出版发行《政府会计审计法规》《政府会计制度一致规定》,两书收录了政府会计审计法规及制度文件,但并未解释立法原意及会计审计原理。《中国政府会计制度》一书诠释了现行会计审计法规及制度的原理原则,但未收录法规、制度全文。因此,潘序伦认为,这三本书实为现行政府会计审计法规及制度理论与实务之姊妹作品,凡阅读《中国政府会计制度》者,应同时备具《政府会计审计法规》《政府会计制度一致规定》两书,以供参证。

此外,1943 年之后颁布的最新会计审计法规及制度,如"修正

---

① 此为四川大学图书馆藏《中国政府会计制度》1944 年修订本所附"例言"之说法,孔夫子旧书网"民国三十一年新一版"所附"例言"则称"可将第十三及十八两章略去"。

战时国家总预算编审办法""战时营业预算编审办法""战时营业决算编审办法及县市预算编审办法"等,均未及收入《政府会计审计法规》《政府会计制度一致规定》,为使读者便于参阅,潘序伦将其全文及相关附件收入《中国政府会计制度》修订本。

《中国政府会计制度》修订本目次见表5-5。可以看出,第一章至第十二章的名称与初版相同,第十三章及之后各章的次序、名称均有改动。此外,书末附有补充习题和勘误表。

表5-5 《中国政府会计制度》修订本目次

章次	名称	章次	名称
第一章	绪论	第十一章	单位会计之凭证与账簿
第二章	财务机关	第十二章	单位会计之报告
第三章	预算	第十三章	财物会计
第四章	预算科目及书表	第十四章	统制会计
第五章	预算之执行	第十五章	决算
第六章	收支程序与国库制度	第十六章	附属单位会计
第七章	政府会计之组织及其种类	第十七章	国家总会计
第八章	单位会计概说	第十八章	县市会计
第九章	经费类会计之记录	第十九章	会计交代
第十章	岁入类会计之记录	第二十章	审计

三、《政府会计审计法规》

《政府会计审计法规》由立信会计师事务所编辑，立信会计图书用品社发行，潘序伦任发行人，1943年8月出版。该书包含8大类67部法规（表5-6），其中，最新者为国民政府1942年12月16日通令施行的"三十一年度国库收支结束办法"（第三类"出纳类"第十四项）。

表5-6　《政府会计审计法规》所含各类法规数目

序号	类别名称	所含法规数目	序号	类别名称	所含法规数目
一	财政收入系统类	5	五	决算类	4
二	预算类	14	六	审计类	14
三	出纳类	14	七	组织法类	5
四	会计类	7	八	任用及服务法类	4

四、《政府会计制度一致规定》

1940年12月，国民政府主计处对政府会计制度进行审查、修订，以适应相关法令的颁行及修订。1943年12月，立信会计图书用品社将相关制度结集出版为《政府会计制度一致规定》，潘序伦任发行人。

《政府会计制度一致规定》共分五篇，各篇内容结构见表5-7。

表 5-7 《政府会计制度一致规定》内容结构

篇次	名称	分节情况
第一篇	国家总会计制度（草案）	总说明 编制记录部分 丛编部分
第二篇	中央各机关及所属普通公务单位会计制度之一致规定	总说明 簿记组织系统图 会计报告 会计科目 会计簿籍 会计凭证 原始凭证 分录举例
第三篇	暂行公有营业会计制度之一致规定	总说明 会计报告 会计科目 簿记组织系统图 公有营业成本会计事务处理通则
第四篇	县总会计制度之一致规定	总说明 簿记组织系统图 会计报告 会计科目 会计簿籍 会计凭证 分录举例
第五篇	县市及所属各机关普通公务单位会计制度之一致规定	总说明 甲种制度 乙种制度 分会计之处理办法 附录

其中，第一篇"国家总会计制度"当时尚未正式通过，因此后带"（草案）"字样；其余四篇均见有分册单独发行，由国民政府主计处编印，时任国民政府主计处主计长陈其采题写书名。

第六章

潘序伦审计学
教程沿革

20世纪20年代后期，随着国内工商企业组织日益扩大，完全的详细审计越来越难以进行；而普通工商企业委托会计师（或事务所）所进行的审计，多为资产负债表审计，仅对其中部分事项进行详细审计。为适应这一情形，潘序伦于1930年开始着手编著《审计学》，基本思路是以资产负债表审计为主干，并辅之以详细审计的原理与法则。这与当时世界审计工作发展趋势及欧美各国审计学著作的编排方法相一致。

一、内容完备未附习题的罕有之作《审计学》

在顾询的协助下，潘序伦三易其稿，完成《审计学》的编纂工作，《审计学》于1936年1月首次在上海出版，由商务印书馆、立信会计图书用品社分别发行。该书编辑过程中，上海立信会计师事务所同仁施仁夫、唐文瑞、陈文麟等助力不少，其中施仁夫出力最多。

潘序伦《审计学》分上下两册，共31章，其中，上册为第一章至第十七章，下册为第十八章至第三十一章及附录和参考书目。

潘序伦编撰此书的一个原则是，所述内容遵从我国当时实际情形、商业习惯及民商法令，采自日、英文图书的资料也以与国内习惯、法令无抵触者为限。就内容总体而言，《审计学》一书原理、实务并重，其中第一章至第二十四章为审计的基本原理和法则，第二十五章至第二十九章为审计实务，第三十章为审计查账程序复习。具体分布如下。

《审计学》第一章至第四章为绪论部分。

  第一章 审计之意义

  第二章 审计之目的及效益

  第三章 审计之种类

  第四章 内部牵制组织

其后紧跟内容为查账开始前的准备工作。

  第五章 查账开始时之准备工作

第六章至第十八章详论资产负债资本各项。

  第六章 现金及银行往来

  第七章 应收账款

  第八章 应收票据

  第九章 存货

  第十章 投资

  第十一章 递延资产

  第十二章 固定资产

第十三章　无形资产

第十四章　流动负债

第十五章　固定负债

第十六章　或有负债

第十七章　资本

第十八章　公积及盈亏

第十九章至第二十二章续论损益各项。

第十九章　进货

第二十章　销货

第二十一章　营业费用

第二十二章　其他收益及损失

第二十三章、第二十四章分别论述了盈余之分配和特种审计；第二十五章详论查核账册单据之实务，作为对如何办理审计实务的补充。

第二十三章　盈余之分配

第二十四章　特种审计

第二十五章　查核账册单据之实务

第二十六章至第二十九章论查账报告书及工作底稿。

第二十六章　查账报告书

第二十七章　报告书本文

第二十八章　查账报告书举例

第二十九章　查账工作底稿

为了使读者对实际审计工作有一个整体了解和可以遵从的标准，潘序伦特设第三十章"查账程序总复习"，复述资产负债表审计及详细审计的程序。

第三十章　查账程序总复习

最后一章"中国会计师职业"叙述了我国会计师职业的状况，以供有志于此的业者作为参考，具有附录的性质。

第三十一章　中国会计师职业

潘序伦编著《审计学》教材时，从事会计职业已届十年，具备丰富的审计经验和知识，鉴于当时详细审计在国内的地位仍然非常重要，该书在讨论查核账册单据之实务（即第二十五章①）时，完全以详细审计为立场，而在查账程序总复习（即第三十章）部分，也详述了详细审计的查账程序，以供读者参考。

潘序伦认为，《审计学》可供国内大学商学院及商业或会计专科学校作为教科书，也可作为会计师工商企业之会计人员及从事研究会计审计者参考之用。他提出，《审计学》作为教科书使用时，适用于审计学学分较多且程度较深的大学；如果学生已有较深的会计学基础，教师则可以用一学期3学分的时间讲授完毕；反之，如果学生的会

---

① 潘序伦《审计学》序言中称该章为"第二十七章"，疑为笔误。

计学基础较弱，则需要一学年 4 学分的时间才能教授完毕。

《审计学》一书的读者群并不限于学生，而其内容对非学生读者来说已经较为完备，因此该书没有附加习题，以免篇幅过大。这一点与潘序伦著作一般均附有习题甚至习题详解的做法不同。

《审计学》教材出版后多次刊印，直至 1951 年 3 月还有印行（第 15 次）。

二、精简正文以补习题的常规之作《审计学教科书》

潘序伦认为，对于高中商科三年级学生或会计学程度较低的专科学校高年级学生而言，《审计学》的内容显得过于繁重，有必要加以精简。在顾询的协助下，潘序伦将其《审计学》一书节编而成《审计学教科书》，于 1936 年 5 月由商务印书馆出版。《审计学教科书》封面如图 6-1 所示。

《审计学教科书》全书共分 12 章（表 6-1），内容与前述潘序伦、王澹如合著《会计学教科书》（1935 年 10 月出版）相衔接，有关审计的意义、目的、种类、原则及方法等，均有所叙述。每章之后均附有相当数量的

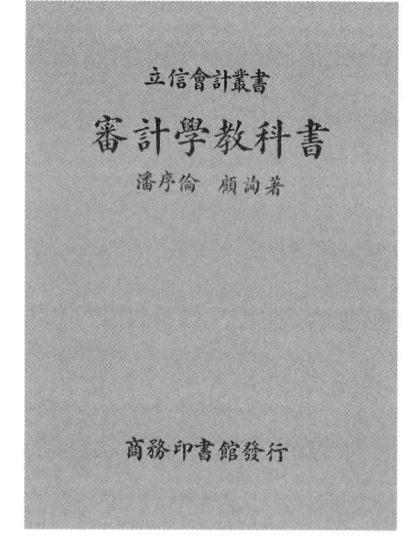

图 6-1 《审计学教科书》封面（收藏于上海立信会计金融学院松江校区图书馆）

习题,以供学生复习之用。

表 6-1 《审计学教科书》目次

章次	名称
第一章	总论
第二章	查账工作之开始
第三章	账册单据之审核
第四章	资产之审计——现金及应收款项
第五章	资产之审计——存货
第六章	资产之审计——投资及迟延资产
第七章	资产之审计——固定资产及无形资产
第八章	负债之审计
第九章	资本之审计
第十章	损益之审计——进货及销货
第十一章	损益之审计——营业费用及其他损益
第十二章	查账报告书之编制

限于篇幅,有关实际查账时最重要的工作底稿及报告书,《审计学》《审计学教科书》均未多举实例,叙述也较为简略。潘序伦建议采用顾询、钱乃澄所著《查账报告书及工作底稿》(商务印书馆1936年2月出版)进一步研究,从而熟练掌握审计工作相关要求。

第七章

《会计名辞汇译》编辑出版历史沿革

20世纪20年代之后,欧美会计在中国日渐通行,西方会计译著也不断在国内出版、发行,但由于各译者之间不相往来,译名并不统一。当时,中国的会计学科并不发达,因此会计名词未列入准官方的科学名辞审查会①审查之列。

1926年,上海会计师公会下设的会计名词审定委员会②推举潘序伦主持工作,但由于该会成员多以业务羁身,并未真正议事。

1933年,立信会计师事务所编辑"立信会计丛书"和《立信会计季刊》杂志时,遇到的第一个问题就是译名没有统一标准。当时出版的会计书籍中,有些书籍附列中英名词互相对照以便检阅。潘序伦认为此种做法不敷使用,一则各书所附名词并不完备,有挂一漏万之感;二则各书所附之译名多系个人主张,从未有汇集多数名词、比较各家意见而进行系统研究者,即便如朱祖晦③等编著的《会

---

① 1918年,中华医学会成立"医学名词审查会",次年,在其基础上成立"科学名词审查会"。

② 经徐广德、徐永祚等七人筹备,中华民国会计师公会于1924年4月20日成立;1924年7月13日改称上海市会计师公会,内设法规研究、各商业习惯调查、编辑、所得税、会计名词审定等五个委员会,其中会计名词审定委员会由潘序伦先生负责。1956年公私改造时结束业务。

③ 朱祖晦,编著《人口统计新论》《三十年之汉口外汇指数》《统计学教程》《统计学入门》《统计学原理》《中国人口统计之过去及其目前救急之途径》《会计名词英汉对照表》《外汇问题与贸易问题》(朱通九、朱祖晦、厉德寅)、《会计名辞试译》(朱祖晦、程彬、舒公迟)等,发表论文《统计学上两量之比》《拣样调查法之理论》等。

计名辞试译》① 也难称为十分完备之作。

因此,潘序伦决定自编一本会计名词翻译词典,以达到统一名词之意,终成《会计名辞汇译》,该书出版后,多次修订、刊印,对统一我国会计名词起到了较大的推动作用。

一、《会计名辞汇译》1934 年第一版

《会计名辞汇译》第一版于 1934 年 4 月出版,黄组方协助搜集、补加名词,作者署名"潘序伦、黄组方"。

《会计名辞汇译》第一版共收会计名词 2 200 个,均自各家书籍②搜集而来。每一名词包括(所属)类别、英文原名、原有译名、选定译名、拟定译名、暂拟译名及备注等 7 个项目,依表 7-1 所示次序从左到右排列,各项目之间用竖线分栏。其中,前 3 项位于左页面(偶数页),后 4 项位于右页面(奇数页)。

表 7-1 《会计名辞汇译》(第一版)名词项目名称及其含义

序号	项目名称	项目释义
1	类别	特种会计如"公司会计""政府会计""成本会计""铁道会计"等之相关名词,类别标注为"公司""政府""成本""铁道"等;普通会计名词,类别栏内容为空

---

① 《会计名辞试译》由朱祖晦、程彬、舒公迟合编,1931 年出版。该书收集会计名词 1 200 多个,其中附有不同学者旧有译名,最后附编者拟译之名,这应是我国会计学者对于会计名词系统研究之开山之作。潘序伦摘其约 2/3 以《会计名词中西对照表》之名刊于立信会计学校同学会《会计季刊》第二期、第三期(1931 年)。

② 《会计名辞汇译》第一版所列名词涉及 34 位编著者、39 种图书,限于篇幅,本文不予列示书籍名称。

(续表)

序号	项目名称	项目释义
2	英文原名	所有名词按字母顺序依次排列
3	原有译名	列举会计名词之各家著作旧有译名
4	选定译名	编者从现有译名中选定之译名；若原有译名栏空，则本栏必空
5	拟定译名	无原有译名或对原有译名不满意时，编者自拟之确定译名；若选定译名栏非空，则本栏必空
6	暂拟译名	无原有译名或对原有译名不满意，且对编者自拟译名也不满意，则将自拟译名置于此栏，以待改进。若选定译名栏、拟定译名栏均空，则本栏必不空
7	备注	译名太简、或比较生疏之名词，在此予以简略说明

《会计名辞汇译》出版之时，国内对英文排法尚未熟谙，因此，"英文原名"统一按各名词的字母次序排列，以便于检阅。例如，流动资产、固定资产，分别按"current assets""fixed assets"排列，而不按"assets, current""assets, fixed"排列。

《会计名辞汇译》所录部分名词列示多个甚至十几个"原有译名"，各种译法之优劣存在可议之处，而有的译名如果不详加解释则难以理解其含义，但由于篇幅所限，无法在相关名词的"备注"项展开讨论。因此，潘序伦计划另外撰写论文《会计名辞之研究》，待《会计名辞汇译》出版之后随即发表，不过，此文并未如期完成。①

---

① 1933年、1934年，潘序伦分别在上海商学院、复旦大学就会计名词问题发表演讲，演讲稿经整理后分别以《会计名辞之商榷》(刊于《国立上海商学院院务半月刊》1933年第5期)、《会计名辞之研究》(刊于复旦大学《会计期刊》1934年创刊号)为题发表，但其内容均较为概略、宽泛，与潘序伦拟在《会计名辞汇译》出版后另撰论文《会计名辞之研究》对相关译名"详加解释"的设想不符，且潘序伦在《会计名辞汇译》1938年第一次改订本例言中明确指出"此次改订本所附'解释与研究'(部分)，即为继初版未成之工作而作"，可知此两篇论文均与该写作计划无关。

选定译名、拟定译名和暂拟译名均按"含义切当""习用普遍""用字简赅"原则进行取舍。各名词译名处理流程如图7-1所示。

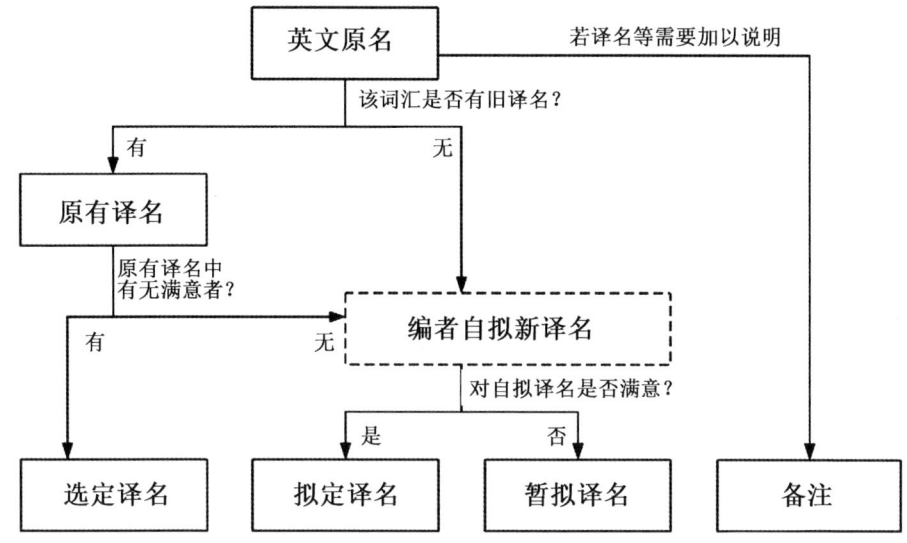

图 7-1 《会计名辞汇译》第一版译名处理流程

《会计名辞汇译》出版后，南开大学商学院、复旦大学商学院会计名辞讨论会等提出修改意见①编撰，有的还补充了该书未收录的名词，编为补遗。其中，南开大学丁佶教授②编撰的《会计名辞汇译补遗》收录名词多达800余个。此类探讨文章和补遗，以及朱祖晦等

---

① 《立信会计季刊》1934年6期第11篇为《会计名辞汇译补遗》（丁佶）；第12篇《〈会计名辞汇译〉之商榷》，包括"（甲）丁佶""（乙）南开大学商学院""（丙）复旦大学会计名辞讨论会""（丁）陈恕钧"四部分。

② 丁佶(1905—1940年)，经济学家、会计学家、会计教育家，南开大学教师，西南联大商学系主任，教授会计学、工商组织与管理。《今日评论》（昆明）创办人与经理，编辑《云南实业通讯》月刊。完成《中国棉纺业之新发展》调查，发表《中国与经济恐慌》等文，翻译帕乔利所著会计学名著《簿记论》。

的《会计名辞试译》等均在《会计名辞汇译》第三次印行时补入。具体译名处理流程如图 7-1 所示。

二、《会计名辞汇译》1938 年第一次改订本

《会计名辞汇译》的问世，为我国会计名词翻译与应用之统一、国外会计著作的翻译与引进起到了积极推动作用，促进了会计学术的发展。此外，《会计法》《商业登记法》《破产法》《所得税法规》等重要法令之颁行，也对国内会计名词的应用与统一，产生了积极影响。国立编译馆拟定经济学名词时，会计名词也被列入其中。

抗日战争初起，百业停顿。潘序伦集中精力、细心研究，对《会计名辞汇译》首次出版以后的发展变化，综合研究、详加讨论，对该书进行彻底改编，作为统一我国会计名词的基础。

本次改编，黄组方因病未能参加初期工作，潘序伦改请顾准协助。黄组方病愈后，对全书进行了校阅。第一次修订本于 1938 年 7 月出版，称"民国二十七年改订本"，潘序伦、顾准二人署名。立信会计师事务所"立信会计丛书"各书中涉及的名词，均在重版时按照《会计名辞汇译》1938 年改订本译名逐一改正。

《会计名辞汇译》1938 年改订本包括"名辞汇译""译名之解释及研究"两大部分，与初版相比，具有如下几个特点。

第一，摘引书籍数量大幅精简。

潘序伦改订《会计名辞汇译》时，对此前五年（1934—

1938年)出版的重要会计学译著进行研究,发现译名已经大致趋于一致,因此改订本所摘引的书籍与本书初版时(39种)相比大为减少,仅包含4位(组)著者、7种书籍,详见表7-2。

表7-2 《会计名辞汇译》1938年改订本摘引书籍情况

简写	所指代图书
(薛)	会计学原理及实务.(美)凯斯特①著,薛迪符②等译.上海:世界书局,1935.
(沈)	初级会计学.沈立人③等编译.上海:商学书局,1936. 高级会计学.沈立人等编译.上海:商学书局,1936. 成本会计学.沈立人编译.上海:商学书局,1933.
(徐)	成本会计纲要.(日)渡部寅二、(日)渡部义雄著,陆善炽编译.上海:徐永祚会计师事务所,1933.
(潘)	会计学.潘序伦编著.上海:立信会计图书用品社,1938. 审计学.潘序伦、顾洵编著.上海:立信会计图书用品社,1938.

同时,《会计名辞汇译》改订本将原有少量非属会计的名词删去,并将丁佶《会计名辞汇译补遗》中的部分名词增录其中(潘序伦认为其中"所商榷者凡三百余")。改订本共收录名词2 700个,其中半数以上为会计名词,其余部分为会计译著与实务中常用的法律、保险、工商组织及管理等名词。

---

① 凯斯特简介,见本书第一章第一节注。
② 薛迪符(1909—1959年),主要论著有:论文《中国农村经济问题》,译著《会计学原理及实务》(薛迪符、金瑞麒、陈文麟)。
③ 沈立人,主编《中华会计职业学校成本会计科讲义》(15册),编著《审计学》《成本会计学》《遗产之会计及课税》《中国与国联技术合作》《基本建设的几个问题》《初级会计学》(沈立人、沈克念)、《高级会计学》(沈立人、沈克念)、《会计制度设计》(沈立人、雷平一)等,翻译(美)吉曼著《会计报告分析》。

第二，译名归并，种类减少，体例与编撰方法改变。

《会计名辞汇译》初版以来，我国会计类译著数量不断增多，所用的名词也已逐渐统一。潘序伦认为，如果所列的译名太多太难，反倒使读者不知如何选择，也不方便查检；此外，不同译者所用的名词常有先后参差情况，难以考证各名词的最初译者。因此，《会计名辞汇译》1938年改订本中，删除原有译名项，将选定译名、拟定译名和暂拟译名三项合并为译名项，每一名词仅包括（所属）类别、英文原名、译名三项，不再左右两个页面连排，且取消各项目之间的分栏表线；将原来作为"备注"项的各名词简略说明附于各页之末，以便参考。这些内容是本书的主体，称为"名辞汇译"部分。《会计名辞汇译》改订本体例及格式调整情况如表7-3所示。

表7-3 《会计名辞汇译》1938年改订本调整情况

1934年第一版项目名称	1938年改订本项目名称	修订情况
（1）类别	（1）类别	保留
（2）英文原名	（2）英文原名	保留；所有名词按字母顺序依次排列
（3）原有译名		删除；部分重要名词之各家"原有译名"列入该书第二部分"译名之解释及研究"加以讨论
（4）选定译名	（3）译名	三种译名合并，不再区分；部分名词之原"选定译名""拟定译名"的理由列入该书第二部分"译名之解释及研究"加以讨论
（5）拟定译名		
（6）暂拟译名		
（7）备注		名词简略说明改为页下注

《会计名辞汇译》1938年改订本将1934年初版中77个重要名词之各家原有译名、编者选定或拟定译名之理由等，单列于"名辞汇译"之后，称之为"译名之解释及研究"（简称"解释及研究"），《会计名辞汇译》1934年第一版第三次印行时补入的丁佶、复旦大学商学院会计名辞讨论会等关于《会计名辞汇译》译名的商榷意见，以及潘序伦和立信会计师事务所关于相关译名的讨论意见，也均汇入各名词词条，作为译名研究资料备用。这也标志着，时隔五年，潘序伦在《会计名辞汇译》1934年第一版绪言中所称拟另撰论文《会计名辞之研究》的计划终于得以完成。潘序伦认为，这两部分各自分列，对读者来说更加便利，而且"解释及研究"部分非常详尽，因此"名辞汇译"部分虽删去原有译名一项，但对译名之汇集及研究并无妨碍，且总篇幅有所下降，于读者有利。

本次改订本中，凡附有简略备注的名词，于译名栏内注明序号；凡有解释及研究的名词，于原名栏内注明序号，以便对照阅读。

第三，译名选择以"正名"为优先。

《会计名辞汇译》初版选择译名的原则是"含义切当""习用普遍""用字简赅"，但在此次修订时有所变化。潘序伦认为，改订的目的主要在于择具统一的名词，因此"含义切当"仍然最为重要，其次是"用词简赅"，而"习用普遍"原则有所放弃，当其与"含义切当"冲突时，则舍习用之名词而另行选择。其原因在于：名词使用越久，则越不易更名，因此名词正名之事，宜当早行。

名词在实际应用中，会有各种变化，如 depreciation reserve（折旧储备）可以用于 building（建筑）、machinery（机械）、furniture（家具）等项资产，因此 depreciation reserve 一词也可变化为多个名词。《会计名辞汇译》改订时，对于此类因变化而衍生之名词，除极少量用于举例外，一概不予收录。

第四，名词排名处理原则。

《会计名辞汇译》于 1934 年出版后，丁佶建议"英文原名"采用两种排法分别编列，这意味着"名词汇译"部分要编成两篇。潘序伦经过详细考虑，认为此举必要性不大且将使篇幅剧增，因此未予采纳，1938 年改订本继续采取初版的英文原名排法。

关于同一英文名词之译名排列方法，《会计名辞汇译》1938 年改订本分为两种情况：

（1）一词可用于不同种类的会计，致使出现不同含义者，则分行依序排列，作为不同名词。例如，income account 一词有两个意思：一为铁道会计名称，译作"岁记账"；一为普通会计名称，其含义与 income sheet 相同，译为"收益账"。

（2）一词有广义、狭义两种含义，则意义最正确、应用最普遍的译名列前，而在特殊情况下方可适用的狭义译名依次列后。例如，accounts receivable，其译名栏内，先列"应收账款"，后列"应收客账"；又如 sales，先列"销售"，后列"销货"；再如 freight inward，先列"运入运费"，次列"进货运费"，再次列"购货运费"。

第五，铁道行业名词之特殊处理方法。

民国时期，中国的铁道会计名词，大多源自美国，其原文与译名均较为特殊，《会计名辞汇译》所列主要铁道会计名称100多个，大多依照国民政府交通部门颁布的铁道行业会计则例[①]之原译名词列入，未做改动。潘序伦认为，这类名词与一般会计关联不大，以遵从法令规定为宜，因此直接列入书中，仅供参考。

三、《会计名辞汇译》1940年商务印书馆"修订第二版"

1939年4月，由何维凝[②]负责编辑的《经济学名辞》[③]完成初稿，作为国立编译馆的《经济学名辞》初审本送国民政府教育部经济学名辞审查委员会审查。潘序伦时为该委员会成员，他在审查过程中，就其中有关会计方面之名词，与《会计名辞汇译》1938年改订本进行了仔细比对，提出了一些重要建议。上海会计教师联谊会会计名辞小组委员会和复旦大学会计学社也对《经济学名辞》有关会计的名词提出了建议。

1940年12月，《会计名辞汇译》1938年改订本第二次印行时，潘序伦将其本人意见及上海会计教师联谊会会计名辞小组委员会和

---

① 1913年11月，北洋政府交通部聘请美国专家亚当士为路政（当时指铁路，因公路尚未提到日程）特别会计制定统一的制度，规定了统一会计科目分类和科目名称，并对科目的定义、范围和使用方法加以解释。1914年，对原则例进行补充，制定了各种会计账目则例及格式。1915年，北洋政府交通部颁布《国有铁路会计条例》。1933年，南京国民政府颁布《国有铁路统一会计则例》。
② 何维凝（1907—1959年），著有《中国盐业新论》《盐政概论》《新中国盐业政策》《台湾盐业》《中国盐书目录》《中国盐书目录索引》等。
③ 1941年11月由国民政府教育部作为部颁各科学术名词之一正式公布。

复旦大学会计学社所拟订改译之名词一并作为附件列于其后。这些附件基本情况如下。

（一）"国立编译馆拟定经济学名辞初审本中与会计有关各名辞之讨论"

本篇由潘序伦、顾准署名，代表立信会计师事务所的集体意见，分两大部分：第一部分是《经济学名辞》初审本与《会计名辞汇译》两书同列的410余个会计名词的对照表，按"英文原名""国立编译馆拟定名辞""本书（即《会计名辞汇译》）拟定名辞"三栏排列；第二部分对《经济学名辞》初审本提出七项建议，每一名词包括"英文原名""编译所拟定名辞""建议（或立信拟定名辞）""备注"四个项目，主要涉及如下几个方面：①译名的增、删。部分名词只有经济学译名或普通译名，建议添加与会计有关的译名或专有译名；部分名词原有两个译名，建议只保留一个标准译名。②两书不同译名的处理。部分名词采用编译馆《经济学名辞》所定名词；部分建议采用立信《会计名辞汇译》译名；两书译名均不贴切的名词，大部分以"建议另拟之名称"一栏提出另拟译名意见，少部分暂时无法提出确定意见的，留待会计界同仁讨论。

（二）"上海会计教师联谊会会计名辞小组委员会决议各名辞"

1940年10月22日，上海会计教师联谊会决议组成"会计名辞小组委员会"，对国立编译馆《经济学名辞》初审本中会计名词进行审查、讨论。11月19日，会计名辞小组委员会召开会议，于怀仁、顾准、陈文麟、李鸿寿、陆善炽、王海帆、钱素君七人出席讨论，并参考上海会计教师联谊会其他会员意见，对70个会计名词的译名提出不同意见，分"英文原名""编译馆名辞""小组委员会拟定名辞"三栏排列。

（三）"复旦大学会计学社关于会计名词之讨论"

复旦大学会计学社对于会计名词译名统一工作非常重视，认为其不仅能为研究提供方便，也有利于工商企业之会计实务，因此对潘序伦《会计名辞汇译》及其改订本非常关注，也有较多肯定。1939年11月，复旦大学会计学社举办会计名词讨论会，对国立编译馆《经济学名辞》初审本和潘序伦《会计名辞汇译》中的名词，都进行了研讨，认为有200余条值得商榷。后经多次整理，剔除重复，增加应补名词，形成最终意见稿。

该意见稿分为两部分。第一部分为"国立编译馆所拟译名之商榷"，每一名词包括"英文原名""国立编译馆拟定""本社建议改译或加译""备考"四项；第二部分为"《会计名辞汇译》所拟译名之商榷"，下分两小部分：一为该社认为"应予改译或加译"的名词，每一名词包含"英文原名""原书译名""拟改或拟加译名""备考"四项；一为该社认为"通常所常见、而《会计名辞汇译》并未列入"的名词，每一名词包含"英文原名""本社拟定译名"两项。

四、《会计名辞汇译》1941 年第三次改译本

潘序伦以为，会计名词数量众多，其中与经济名词字同义异者也有不少，故曾建议另行编撰《会计学名辞》。1940 年 3 月，国立编译馆完成《会计学名辞》初审本。1940 年冬，潘序伦等接受对该书审查的任务。其间，潘序伦等人认为大多数名词已经可以统一，但也有少数名词还有可以讨论的余地，因此决定对《会计名辞汇译》再次改订，以供会计界同仁研究。

本次改订工作由潘序伦、黄组方两人完成，于 1941 年 7 月在重庆出版，是为"民国三十年改订本"，或称"第三次改译本"。本改订本中，顾准不再列名，绪言、第三次修订本例言均由潘序伦、黄组方两人署名，但封面、扉页及版权页均仅潘序伦一人署名。

与 1938 年版本相比，1941 年版《会计名辞汇译》中，每一名词所包含的项目更加减少、简化，不再有"类别"项，只保留原名、译名两项。由于会计名词译名已经由国立编译馆审定，因此，与该馆《会计学名辞》所译相同者，《会计名辞汇译》都不再作诠注。另外，由于会计名词的应用已经趋于一致，故前一版本中的第二部分"译名之解释及研究"不再保留。1940 年 12 月"修订二版"中的各附录也不再列出，因此篇幅大为减少。

《会计名辞汇译》1941 年改订本中，凡原名有多个名词可译者，则译名中仅以其不同之处，用括号注明，例如，purchase invoice 可

译"购买发票""购货发票",则译名为"购买(货)发票",表示应用译名时,可视事实情形,或用"购买发票"(如机械工具之购买发票),或用"购货发票"(如商品之购买发票);又如,serial bonds 译"分批还本债券(公司债)",在政府机关发行者可用"分批还本债券",在公司发行者可用"分批还本公司债"。凡原名有多个名词并用者,依译名的表示方法列示,如 bills book (register) 译名为"票据簿",意即票据簿的原名用 bills book 或 bills register 均可。

本次改订,对译名字义殊难达意者及原名应用较不普遍者,均在译名后方括号内加以文字附注。

第八章 潘序伦英文著作举要

潘序伦的英文著作数量不多，目前所知主要有其在哈佛大学的硕士学位论文（仅存目）、在哥伦比亚大学的博士学位论文，以及应商务印书馆之约而完成的《簿记及会计学》《公司财政》等。

一、*The Construction of a General Price Index Number for China*

1921年6月，潘序伦从上海圣约翰大学（St. John's University）毕业，获文科学士学位[①]。7月，潘序伦入选南洋兄弟烟草公司[②]1921年第二批留美学生选拔上海地区正式名单[③]。

1921年8月，潘序伦等乘昌兴轮船公司之俄国"皇后号"邮船离开上海[④]，先后经日本长崎、神户、横滨，美国檀香山、旧金山等

[①] 据《申报》1921年6月25日、26日报道，圣约翰大学（时称约翰大学，由于是教会大学，后习称圣约翰大学）于1921年6月25日下午举办1921届毕业典礼，授予学位共计文科学士16人，文科政治学士15人，理科学士10人，神学学士1人，文科硕士2人，名誉文学博士1人，名誉法学博士2人。

[②] 南洋兄弟烟草公司（Nanyang Brothers Tobacco Co. Ltd.），前身是1905年创于香港的广东南洋烟草公司，是中国最早的民族工业品牌之一，有感于国家贫弱和人才缺乏，多次出资选送学生出国留学。1949年6月政府对公司实行监督，1951年2月实行公私合营。

[③] 据《申报》1921年7月29日报道，本批上海选拔留美学生，正取10人：潘序伦（圣约翰大学），周厚枢、倪尚达（国立南京高等师范学校），王家骧、祝隆惠（圣约翰大学），李安（复旦大学），张文（税务学校），马景行（东吴大学），嵇储英（北京大学），张润田（北洋大学）；备取5人：陈德辀（复旦大学），张宝桐（交通大学），吴尊（国立南京高等师范学校），陈宗汉（湖南公立工业专门学校），华祖翼（交通大学）。

[④]《申报》1921年8月19日第14版。

地，抵达纽约，分投各校。当时，"货币银行"在留学生中较为热门，但潘序伦却选择了较为冷门且本人并不太熟悉的会计学科，进入哈佛大学企业管理研究生院（Harvard Graduate School of Business Administration），在科尔①、科普兰②、斯普拉格③等教授的指导下学习。科尔时任会计学系主任，当时虽然年近花甲④，但讲解清楚，说理透彻，注重习题训练，为潘序伦打下了良好的会计学基础。

在哈佛大学学习期间，潘序伦修学了初级会计学、高级会计学、成本会计、银行会计、政府会计、会计制度设计等会计学课程，赴各大工商场所实地考察会计制度，还选学了经济学、商品学、销售学、市场预测等课程。

---

① 科尔（William Morse Cole，1866—1960 年），美国著名会计学家，著有《会计与审计》(Accounting and Auditing，1910)、《会计》(Accounts; their Construction and InterPretation for Business Men and Students of Affairs，1908)、《机构成本会计》(Cost Accounting for Institutions，1913)、《簿记、会计和审计》(Bookkeeping, Accounting and Auditing，1914)、《会计原理中的问题》(Problems in the Principles of Accounting，1915)、《会计学基础》(The Fundamentals of Accounting，1921)、《经济成功》(Economic Success，1926)等。

② 科普兰（Melvin Thomas Copeland，1884—1975 年），1910 年在哈佛商学院率先使用案例教学法进行管理学教学，著有《美国棉花制造业》(The Cotton Manufacturing Industry of the United States，1912)、《哈佛商学院》(Harvard Business Studies，1914)、《经营状况统计指标》(Statistical Indices of Business Conditions，1915)、《商业统计》(Business Statistics，1917)、《市场营销问题》(Marketing Problems，1920)、《市场营销问题》(Problems in Marketing，1923)、《商品化原则》(Principles of Merchandising，1924)、《棉花纺织品的销售：方法和组织》(Merchandising of Cotton Textiles; Methods and Organization，1933)、《原材料价格和商业条件》(Raw Material Prices and Business Conditions，1933)、《国际原材料价格和美元贬值》(International Raw Commodity prices and the Devaluation of the Dollar，1934)、《丝绸和人造丝制品的生产和分销》(Production and Distribution of Silk and Rayon Broad Goods，1935)等。

③ 斯普拉格（Oliver Mitchell Wentworth Sprague，1873—1953 年），著有《国家银行制下的危机史》(History of Crises under the National Banking System，1910)、《美国银行业改革：系列建议》(Banking Reform in the United States; A Series of Proposals，1911)、《复兴和常识》(Recovery and Common Sense，1934)等。

④ 1922 年，科尔年龄为 56 岁。潘序伦 1935 年《求学经过的自述》称其时科尔教授"六七十岁"，1984 年《潘序伦回忆录》又称科尔当时"年过七旬"，均为笔误或记忆错误。

1923年6月，潘序伦从哈佛大学毕业①，获得硕士学位，但其硕士学位论文的内容甚至题目并未在《潘序伦回忆录》或其他文献提及，因此长期不为人所知。

潘序伦硕士学位论文的线索来自其博士学位论文 *The Trade of the United States with China*，据后者第80页表15之注释，该表（原文英文，中文译文如表8-1所示）所列1913—1921年"中国物价总指数"数据摘自其论文 *The Construction of a General Price Index Number for China*，1922—1923年中国物价总指数数据（其中1923年以6月30日为财年结束日）依照该论文所用方法计算而来；该注释同时表明，这篇论文是潘序伦为申请哈佛大学硕士学位而作②，完成于1922年。

表8-1　1913—1923年美国对华进口贸易及其实际增幅

年份	（A）美国对华进口总额（万美元）	（B）增长率（%）	（C）中国物价总指数（银基）	（D）汇率（美元/海关银）	（E）汇率指数	（F）中国物价总指数（金基）	（G）进口总额的实际增长率（%）
1913	4 138.7	100	100	0.73	100	100	100

---

① 据《申报》1922年3月5日报道，南洋兄弟烟草公司资助的赴美留学生"前经赴美分投各校肄业"，并在"本学期各学生肄业校名"部分称潘序伦为"哈佛大学商业"；《申报》1923年7月7日报道，潘序伦"现在哈佛大学工商管理科研究会计学，今年夏季得硕士学位，秋季拟入哥伦比亚大学学习劳动问题"。潘序伦在其回忆录中称"在哈佛大学苦读两年后，取得了企业管理硕士学位（Master of Business Administration）"，应是自开始赴美起算。

② 注释称该论文"Submitted in partial fulfillment of the requirements for the degree of Master of Business Administration at Harvard University, 1922"，即"呈交此本，以满足哈佛大学企业管理硕士学位的要求之一。"

(续表)

年份	(A) 美国对华 进口总额 （万美元）	(B) 增长率 （%）	(C) 中国物价 总指数 （银基）	(D) 汇率 （美元/ 海关银）	(E) 汇率指数	(F) 中国物价 总指数 （金基）	(G) 进口总额 的实际增 长率（%）
1914	3 764.3	91	107	0.67	92	98	93
1915	5 400.4	130	113	0.62	85	96	136
1916	8 173.2	198	122	0.79	108	132	150
1917	14 148.2	342	128	1.03	141	180	190
1918	14 531.6	351	136	1.26	173	235	149
1919	17 296.3	418	130	1.39	190	247	172
1920	21 110.1	510	128	1.24	170	218	324
1921	10 395.2	251	127	0.76	103	132	190
1922	13 906.1	337	140	0.83	114	160	210
1923	17 647.1	427	150	0.83	114	171	250

注：1. (F) = (C) × (E)；(G) = (B) / (F)。
2. 1913 年的 (B)、(C) 和 (E) 三个指标，分别赋值 100%、100 和 100。

2013 年 5 月，本书编者、时任上海立信会计学院图书馆副馆长李湖生副研究馆员根据这一线索，以提交网上咨询单和电子邮件方式与美国哈佛大学商学院贝克图书馆（HBS Baker Library）进行多轮沟通，经该馆历史文献参考部（Historical Collections Reference）的 Rachel Wise、Liam Sullivan 等查证，哈佛大学目前仅收藏部分早期硕士学位论文，且并无 1923 年之前完成的硕士学位论文。因此，最终未能通过这个渠道寻获潘序伦的硕士学位论文。

据现有资料，*The Construction of a General Price Index Number for China* 一文仅在潘序伦博士学位论文中提及，并由前述注释推断该论文即潘序伦硕士学位论文本身，至少是其主体（基础）部分，但其详细内容暂不可考，该论文是不是首次对中国物价总指数进行数学建构研究，需要进一步考证，目前尚无更多资料佐证。

二、*The Trade of the United States with China*

（一）成书过程

就读哈佛大学期间，潘序伦即与美国哥伦比亚大学（Columbia University）建立了密切的关系，1922 年、1923 年，他两次参加哥伦比亚大学的暑期课程（Summer Sessions），在达文波特[①]、菲利普斯[②]和查多克[③]等教授的指导下学习。

1923 年 9 月，潘序伦正式进入美国哥伦比亚大学经济学系，攻

---

① 达文波特（Herbert Joseph Davenport，1861—1931 年），著有《经济理论纲要》（*Outlines of Economic Theory*，1896）、《基础经济学纲要》（*Outlines of Elementary Economics*，1897）、《政治经济学简编》（*Compendio Dieconomia Politica*，1903）、《非劳动增值税》（*The Taxation of Unearned Increment*，1907）、《价值和分配：批判性和建设性研究》（*Value and Distribution: A Critical and Constructive Study*，1907）、《资本化和市场价值》（*Capitalization and Market Value*，1910）、《企业经济学》（*The Economics of Enterprise*，1913）、《阿尔弗雷德·马歇尔的经济学》（*The Economics of Alfred Marshall*，1935）等。

② 菲利普斯（Chester Arthur Phillips，1882—1976 年），著有《货币与银行学阅读》（*Readings in Money and Banking*，1916）、《银行信用论：银行向借款人垫款的原则和因素研究》（*Bank Credit: A Study of the Principles and Factors Underlying Advances Made by Banks to Borrowers*，1920）、《银行业与商业周期：美国大萧条研究》（*Banking and the Business Cycle: A Study of the Great Depression in the United States*，1937）等。

③ 查多克（Robert Emmet Chaddock，1879—1940 年），著有《纽约稳定基金银行系统(1829—1866)》（*The Safety Fund Banking System in New York，1829—1866*，1910）、《统计学原理与方法》（*Principles and Methods of Statistics*，1925）、《统计方法练习》（*Exercises in Statistical Methods*，1928）等。

第八章 潘序伦英文著作举要

读博士学位，同时受业于凯斯特①教授，继续研究银行会计、成本会计等。学习期间，潘序伦广泛涉猎，参加了塞里格曼②、西格③、西姆科维奇④和米切尔⑤举办的经济研讨会（Economic Seminars），借阅了英、美、德、奥各学派的经济书籍，马克思的《资本论》也是其中之一。这一学习、研究经历，不仅完善了潘序伦的知识结构，也进一步提高了其学术研究素养。

1924 年 5 月，潘序伦从哥伦比亚大学毕业，获得政治经济学博士学位（Ph. D. in Political Economics）。同年，其博士学位论文 *The Trade of the United States with China* 由位于美国纽约伍尔沃斯大楼（Woolworth Building）的中国商贸局有限公司（China Trade Bureau,

---

① 凯斯特简介，见本书第一章第一节脚注。

② 塞里格曼(Edwin R. A. Seligman，1861—1939 年)，美国经济学家，美国经济协会创办人之一，著有《累进课税论》(*Progressive Taxation*，1894)、《经济史观》(*The Economic Interpretation of History*，1902)、《所得税论：国内外所得税理论与实践研究》(*The Income Tax：A Study of Theory, And Practice of Income Taxation at Home and Abroad*，1911)等。

③ 西格(Henry Rogers Seager，1870—1930 年)，美国政治经济学家，著有《经济学笔记》(*Notes on Economics*，1890)、《经济学》(*Economics*，1899)、《彭定康教授的繁荣理论》(*Professor Patten's Theory of Prosperity*，1902)等。

④ 西姆科维奇(Vladimir Gregorievitch Simkhovitch，1874—1959 年)，著有《俄罗斯的野外社区》(*Die feldgemeinschaft in Russland*，1898)、《社会民主危机》(*Krisis Der Sozialdemokratie*，1899)、《俄罗斯国情：综合视角》(*The Case of Russia：A Composite View*，1905)、《俄国农民与独裁》(*Russian Peasant and Autocracy*，1906)、《俄罗斯学校历史》(*History of the School in Russia*，1907)、《俄国农民解放》(*Bauernbe Freiung in Russland*，1908)、《马克思主义与社会主义》(*Marxism Versus Socialism*，1912)、《再论罗马的衰落》(*Rome's Fall Reconsidered*，1916)等。

⑤ 米切尔(Wesley Clair Mitchell，1874—1941 年)，美国经济学家和教育家。制度学派的重要代表人物，著有《绿背纸币史，特别是 1862—1865 年发行的经济后果》(*A History of the Greenbacks：With Special Reference to the Economic Consequences of their Issue*，1862-1865，1903)、《绿背纸币本位下的黄金、物价与工资》(*Gold, Prices, and Wages under the Greenback Standard*，1908)、《经济周期》(*Business Cycles*，1913)、《经济周期问题及其背景》(*Business Cycles and their Causes*，1927)、《落后的花钱术及其他文集》(*The Backward Art of Spending Money, and other Essays*，1937)等。

Inc.）出版，封面中部偏下位置印有 "Submitted in Partial Fulfillment of the Requirements for the Degree of Doctor of Philosophy in the Faculty of Political Science of Columbia University，New York City"① 字样。

（二）基本内容

The Trade of the United States with China 分四篇18章。其中，第一篇按照时间将美国对华贸易历史划分为四个阶段，分别予以叙述；第二篇、第三篇分

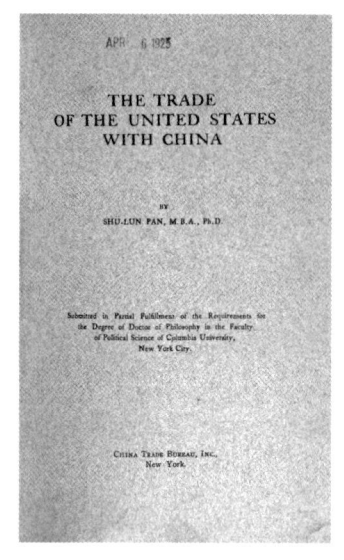

图 8-1　潘序伦博士学位论文封面（美国密歇根大学图书馆收藏）

别列举了美国对华进出口的主要商品的贸易状况，第四篇的前三章研究了美国对华政策的发展变化及在华投资状况，最后一章对全文内容进行了概括。该学位论文篇章目次如表8-2所示。

表 8-2　潘序伦博士学位论文目次

章次	名称
第一篇	中美贸易历史概况
第一章	非正式或非条约性交往期（1784—1844）
第二章	中美贸易的暂时扩张和持续下降期（1845—1894）

---

① 意为"呈交此本，以满足纽约市哥伦比亚大学政治学系博士学位的要求之一"。

(续表)

章次	名称
第三章	局势纷乱和剧烈竞争时期（1895—1913）
第四章	中美贸易的快速发展期（1914—1922）
第五章	快速扩张期（1914—1922）（续）
第二篇	中国输美产品举要
第六章	茶叶
第七章	丝绸
第八章	植物油、棉制品
第九章	其他重要商品
第三篇	美国输华商品举要
第十章	棉织品
第十一章	矿物油
第十二章	烟草
第十三章	木材和木制品
第十四章	工业机器和设备
第四篇	美国的对华商业政策及在华商业利益
第十五章	美国的对华商业政策与对华通商条约
第十六章	美国在华投资
第十七章	美国银行业在中国
第十八章	概述和结论

潘序伦在"作者前言"中，以十分简洁的笔触，说明了这部以博士学位论文为基础形成的专著所具有的时代性意义和目的，即

"尽可能全面地讨论过去一百五十年间美国对华贸易之发端、扩张、衰退和复苏等阶段中的经济力量（economic forces）……试图根据中美贸易的历史发展来解构其未来发展趋势，并提出有助于增加太平洋两岸两个大国间的贸易、增强共同利益的建设性意见"。塞里格曼教授为该书作序，他认为该书"最有意思的是最后一章"，因为在这一章中，潘序伦对中、美两个大国的相互依赖关系进行了全面分析，并向美国政府和人民发出冷静而科学的呼吁，希望美方尽可能地在中美双方合作方面作出自己的努力。

The Trade of the United States with China 出版近百年之后的今天，中美贸易摩擦激战正酣，美国对中国采取全方位打压、对抗态势，翻阅这部著作，似乎许多事情和情形早已被预料，不由慨叹潘序伦先生超常的远见卓识，而塞里格曼教授的理性思维同样并不过时，值得尊重。

（三）社会影响

潘序伦获得博士学位后，随即赴欧洲游历英、法、德、意、瑞士、比利时等国，并于1924年9月初乘法国邮船回到上海①，受聘担任上海商科大学教务主任兼会计系主任。潘序伦回国前，曾将其

---

① 关于潘序伦抵达上海的时间，媒体报道存在差异。《申报》1924年9月6日（星期六）称"潘序伦业于前日抵沪"，即回国日为1924年9月4日；《密勒氏评论报》1924年9月20日（星期六）第30卷第3期称"潘序伦于上周回到上海"，作为周刊，《密勒氏评论报》该期稿件组稿时间应为1924年9月13～19日，则所述"上周"当为1924年9月6～12日。因此，潘序伦回国的具体日期目前还存疑，但应当不晚于1924年9月6日。

博士学位论文部分内容寄回上海,在英文周刊《密勒氏评论报》① 发表(刊发情况见表 8-3),《密勒氏评论报》还于 1924 年 8 月 16 日第 29 卷第 11 期刊登封面文章 "As China Views Her Trade with America",介绍 The Trade of the United States with China 成书过程及主要观点。这些论文见解新颖、文笔畅达,令人刮目,在读者中产生了很大影响,这一事件给《密勒氏评论报》留下了深刻的印象②。由此,潘序伦与《密勒氏评论报》建立了密切关系,回国不久即被该刊聘为特约编辑,列名于《密勒氏评论报》1924 年 10 月 4 日(第 30 卷第 5 期)至 1926 年 4 月 24 日(第 36 卷第 8 期)各期首页之 Contributing Editor 名单。

表 8-3　《密勒氏评论报》摘发潘序伦博士学位论文情况

正文题目	卷(期):页码	出版日期
Trade between America and China Past, Present and Future	28(3):78	1924 年 3 月 15 日
The Trade Between China and America the Future, Present and the Past (Second)	28(4):116	1924 年 3 月 22 日

---

① 《密勒氏评论报》由美国《纽约先驱论坛报》驻远东记者汤姆斯·密勒(Thomas F. Millard)于 1917 年 6 月 9 日在上海创办,1941 年 12 月休刊,1945 年复刊,1953 年 7 月停刊。该刊内容以向美国及西方介绍中国国情和时事新闻为主,每周六出版,英文名称初为 Millard's Review of the Far East,后数度易名(1924 年更名为 The China Weekly Review),但中文名称一直沿用《密勒氏评论报》。
② 1924 年 9 月 20 日,《密勒氏评论报》第 30 卷第 3 期"Men and Events"栏目报道了该刊以特稿方式刊载 Trade of the United States with China 部分章节之事。1949 年 9 月 17 日,《密勒氏评论报》第 115 卷第 3 期"25 Years Ago In The China Weekly Review"专栏,摘录该刊 1924 年 9 月 13 日(第 30 卷第 2 期)所刊两篇稿件的片段,其中一篇为"Comment on Industrialization",即摘自潘序伦所著"American-Chinese Trade Analyzed and Forecasted"。

(续表)

正文题目	卷(期):页码	出版日期
China's Silk Trade with America	29(9):296	1924 年 8 月 2 日
Chinese vs. Japanese Silk and the U. S. vs. the European Market	29(10):327	1924 年 8 月 9 日
The Decline of China's Tea Trade with America	29(12):402	1924 年 8 月 23 日
The Decline of China's Tea Trade with America(Second)	29(13):434	1924 年 8 月 30 日
American-Chinese Trade Analysed and Forecasted	30(1):12	1924 年 9 月 6 日
American-Chinese Trade Analysed and Forecasted(Second)	30(2):48	1924 年 9 月 13 日

注：该刊所刊潘序伦博士学位论文相关稿件，部分正文题目与封面标题略有不同，原因疑为节省封面版面；各期署名也不完全相同，大多为 S. L. PAN，少量为 Shu-Lun PAN。

The Trade of the United States with China 出版后受到美国经济学家、商学家的称许和普通读者的欢迎，上海商务印书馆为了满足国内学界、商界需要，特从美国购得数百册，在上海发售，《申报》1924 年 11 月 4 日第 11 版以简讯"《中美贸易论》到沪"报道此事。此前，上海《大陆报》[①] 于 1924 年 10 月 19 日刊发美国汉学家、上

[①] 《大陆报》(*The China Press*)，为由华人发起、美国人创办的一份英文日报，言论代表在沪美侨利益，1911 年 8 月创刊于上海。密勒(Thomas F. Millard)任主笔。1937 年"八一三"事变时，该报曾一度休刊，不久复刊。1941 年，太平洋战争爆发后停刊，抗日战争胜利后再次复刊。1949 年，该报被中国人民解放军上海市军事管制委员会接管后停刊。《大陆报》采用美国新闻报纸样式进行编辑，是目前已知的第一份由职业新闻记者而非商人或传教士创办的近代在华英文报纸，也是民国时期最早、最重要的美式报纸之一。该报的出版对中国近代报业格局、对外传播，以及在中美外交史的梳理方面均产生了重要的影响。

海圣约翰大学历史和政府学教授宓亨利①博士撰写的书评,推荐该书。

(四) 中文译本《美国对华贸易史(1784—1923)》

2013年,本书编者李湖生将 The Trade of the United States with China 一书译为中文,以纪念潘序伦先生120周年诞辰。关于该博士学位论文的中文译名,原来一般均用《中美贸易论》,潘序伦在其回忆录中也如此称呼。李湖生认为,一方面,该文主体部分是两国贸易发展变化情况,史实重于论述;另一方面,该文完成于美国,其所依赖资料大多来源于美方,关于两国政治、经贸关系的论述,也以美方立场、原则、政策和实际操作为主,并非中美对等,更非从中方视角观察,因此定名为"美国对华贸易史"更加贴合其内容。

2013年10月,潘序伦博士学位论文之译稿由立信会计出版社以《美国对华贸易史(1784—1923)》之名出版。该书由两部分组成,第一部分是该学位论文之中文译文,第二部分是以1∶4比例缩印的英文原版。其目的一是方便读者对照阅读,二是作为对原书的纪念。译者在翻译过程中,对原文中的笔误、明显纰漏进行了校订。

---

① 宓亨利,原名哈利·F-麦克奈尔(Harley Farnsworth MacNair,1891—1947年),著有《海外华人的保护》(Protection of Alien Chinese,1922)、《中国近现代史》(Modern Chinese History,1923)、《华侨志:地位与保护》(The Chinese Abroad: Their Position and Protection,1924)、《中国的新民族主义和其他问题》(China's New Nationalism and Other Essay,1925)、《中国的国际关系和其他文章》(China's International Relations & Other Essays,1926)、《远东国际关系》(Far Eastern, International Relations,1931)、《中日真正的冲突:对立意识形态的分析》(The Real Conflict between China and Japan: An Analysis of Opposing Ideologies,1938)等。

2021年，立信会计出版社少量重印《美国对华贸易史（1784—1923）》，译者对序言中关于该论文部分章节在上海《密勒氏评论报》刊发的情况进行了订正。

图8-2 《美国对华贸易史（1784—1923）》封面

（五）收藏情况

目前，如下单位或平台收藏有 The Trade of the United States with China 一书。

一是美国国会图书馆（The Library of Congress）。该馆馆藏书目检索系统（https://catalog.loc.gov）显示，The Trade of the United States with China 收藏于托马斯·杰斐逊大楼（Thomas Jefferson Building）或约翰·亚当斯大楼（John Adams Building)[①]。

二是 HathiTrust 电子图书馆。人们可在该数据库平台免费检索、阅读 The Trade of the United States with China 全文[②]，目前提供原版扫描图像（Image）和纯文本（Plain text）两种阅读模式的电子版全文，并可免费下载 PDF、TXT、JPEG 或 TIFF 格式的全文。该数据库 The Trade of the United States with China 一书的电子版全文，

---

① 书目信息：https://lccn.loc.gov/24019011、https://lccn.loc.gov/24023510。
② 访问地址：https://catalog.hathitrust.org/Record/006555191。

分别来自美国密歇根大学图书馆（University of Michigan Library）[①]和美国加利福尼亚大学图书馆（University of California Library）[②]。

三是上海立信会计金融学院（原上海立信会计学院）松江校区图书馆。潘序伦博士学位论文收藏于该馆潘序伦先生著作陈列室，分上下两册装订，各包含两篇，封面有手写中文字样"中美贸易论"，未入编该馆馆藏书目数据库，仅供室内阅读。

四是ProQuest博硕士学位论文数据库（ProQuest Dissertations & Theses，PQDT）。访问地址为：https://www.proquest.com/dissertations-theses/trade-united-states-with-china/docview/301801090。

三、*Bookkeeping and Accounting*（《簿记及会计学》）

第一次世界大战（1914—1918年）之后，中国的商业教育开始逐步兴起，商科学校数量和入学人数双双快速增长。当时使用的大多是进口教材，其取材与内容均立足于外国情形，与中国国情不相符合，因此，教学效果不明显。为此，商务印书馆商业补习学校（函授学校）邀请国内外专家编写合适的教材，其中，"商业科讲义"（*Business Series*）十余种由该校商学院院长李培恩[③]负责编辑。从美

[①] 密歇根大学图书馆馆藏该书之电子书访问地址为http://hdl.handle.net/2027/mdp.39015008150917。根据该文档之印刷版原书封面记载，该书于1925年4月6日入藏，1988年12月21日还有手工借阅记录。

[②] 美国加利福尼亚大学图书馆馆藏该书之电子书访问地址为http://hdl.handle.net/2027/ucl.$b19023。根据该文档之印刷版原书流通记录，该书最后一次手工登记的借阅时间为2003年8月1日。

[③] 李培恩（Baen E. Lee），1931—1949年任之江大学校长。著有《商业事务常识》，编辑《双解实用英汉字典＝A practical English-Chinese dictionary》（李登辉、郭秉文、李培恩）等。

国哥伦比亚大学获得博士学位归国不久、兼任暨南大学商科主任的潘序伦为之提供了 *Bookkeeping and Accounting*，*Corporation Finance* 两种英文著作，以向国人普及西方新式会计科学知识。潘序伦曾在其回忆录中提及这两部英文教科书。

Bookkeeping and Accounting 由商务印书馆于 1926 年 5 月出版，其封面的英文书名之上印有中文名称"簿记及会计学"。该书共分二十八章，详见表 8-4。

表 8-4 *Bookkeeping and Accounting* 目次

章次	名称	名称原文
第一章	术语和定义	Terms and Definitions
第二章	分类账和分类账账户	The Ledger and Ledger Accounts
第三章	借与贷	Debit and Credit
第四章	日记账	The Journal
第五章	过账	Posting
第六章	试算	The Trial Balance
第七章	业务进展和财务状况	The Progress and the Condition of the Business
第八章	结账	Closing the Books
第九章	业主账户	Proprietors Accounts
第十章	商品账户	Merchandise Accounts
第十一章	商品折扣	Merchandise Discounts
第十二章	票据利息和票据贴现	Interest and Discount on Notes
第十三章	现金簿	The Cashbook

(续表)

章次	名称	名称原文
第十四章	销货簿	Sales Book
第十五章	进货簿	The Purchase Book
第十六章	统驭账户和辅助分类账	Controlling Accounts and Subsidiary Ledgers
第十七章	票据簿	The Note Books
第十八章	其他特殊和辅助记录	Other Special and Auxiliary Records
第十九章	结账时的调整	Adjustments When Closing Books
第二十章	结账时的调整（续）	Adjustments When Closing Books (Continued)
第二十一章	工作表	The Working Sheet
第二十二章	营业损益表	The Trading and Profit and Loss Statement
第二十三章	资产负债表	The Balance Sheet
第二十四章	合伙企业簿记和会计	Partnership Bookkeeping and Accounting
第二十五章	合伙企业簿记和会计（续）	Partnership Bookkeeping and Accounting (Continued)
第二十六章	公司簿记与会计	Corporation Bookkeeping and Accounting
第二十七章	公司簿记与会计（续）	Corporation Bookkeeping and Accounting (Continued)
第二十八章	公司会计和簿记（续）	Corporation Accounting and Book-keeping (Continued)①

潘序伦认为，当时国外关于簿记和会计的教材比比皆是，但在

---

① 第二十八章名称与第二十六章、第二十七章不同，此处为原文照录。

国内很难找到一本较为满意的教材，编写 Bookkeeping and Accounting 一书就是要解决这个问题。因此，该书具有如下特点：一是内容浅显、易读，使总簿记员或初级会计师能在相对较短的时间内熟悉簿记和会计基本原理，没有会计学基础的商科普通学生也可借此学习会计学实用知识；二是英语较为简要，适合一般中国学生阅读、学习；三是内容以中国的情况为基础，比外国商业惯例更易激起读者的兴趣。

因此，Bookkeeping and Accounting 的内容、程度与潘序伦所著《高级商业簿记教科书》大致相同，适合大学初期及高中商科学生使用。立信会计师事务所编辑、商务印书馆发行的"立信会计丛书"曾将潘序伦编著的英文高级簿记会计列入出版计划，但目前所见最早为1934年版本①，延后近8年。

目前，Bookkeeping and Accounting 一书在中国国家图书馆、武汉大学图书馆、四川大学图书馆、上海立信会计金融学院图书馆等均有收藏。

四、Corporation Finance（《公司财政》）

上节已经述及，与 Bookkeeping and Accounting 一样，Corporation Finance 也是李培恩所编辑的商务印书馆函授学校"商业科讲义"之

---

① 潘序伦所著 College Bookkeeping and Accounting，由立信书局1934年2月发行。孔夫子旧书网（https://www.kongfz.com）有该书商务印书馆1934年版、立信书局1944年版售卖信息。该书封面、版权页均印有中文名称"英文高级簿记会计"，详细资料待补充。

一种。该书于 1928 年 9 月由商务印书馆出版，封面的英文书名之上印有中文译名"公司财政"。

20 世纪 20 年代，仍然处于萌芽期的中国公司的财务结构非常单一，公司财政在中国还不为人所知。许多大企业的股权由为数不多的发起人及其亲友独占或大多被他们所掌控，并不对外公开招股；铁路大多由外国资本建造，只发行股票，而不采用其他证券形式。此外，非普通股的股票在中

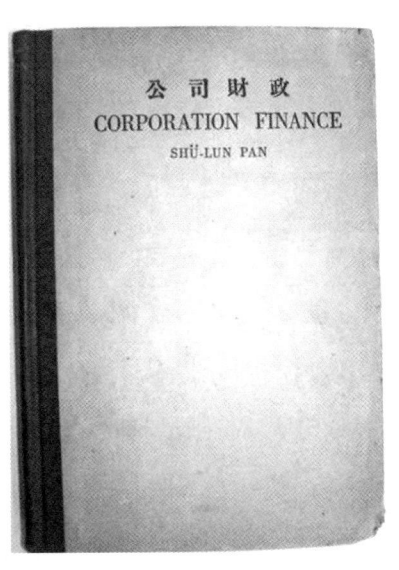

图 8-3　*Corporation Finance* 封面（收藏于上海立信会计金融学院松江校区图书馆）

国也不多见。债券市场也不发达，尽管有一些外国债券和中国政府债券，但潘序伦认为这个市场更像为投机商而非投资者开放，其中并没有具有重要财政意义的工业债券。因此，潘序伦决定编撰 *Corporation Finance*，以期向学生介绍西方公司的先进财政方法，并使金融机构能为中国未来的和平、建设做好准备，以促进中国工业的快速发展。

有鉴于此，该书不可避免地使用了外国公司的材料，但潘序伦力图通过简单明了的例证和图表，使毫无国外环境经验的学生能够理解公司财政的原理。

Corporation Finance 共分六篇（Part）22 章，详见表 8-5。

表 8-5 *Corporation Finance* 目次

章次	名称	名称原文
第一篇	公司形式	Corporate Form
第一章	商业组织之不同形式	Different Forms of Business Organization
第二章	公司	The Corporation
第二篇	公司证券	Corporate Securities
第三章	股票制度	The Stock System
第四章	股票之分类	Different Classes of Stock
第五章	债券制度	The Bond System
第六章	债券之分类	Classification of Bonds
第七章	证券发行的财政政策	The Financial Policy of Security Issues
第三篇	促销和固定资本	Promotion and Securing Capital
第八章	促销和促销人	Promotion and the Promoter
第九章	固定资本；直接发行证券	Securing Capital; Issuing Securities Direct
第十章	通过金融机构发行证券	Issuing Securities Through Financial Institutions
第四篇	内部财务管理	Administration of Internal Finance
第十一章	资本金的使用	The Utilization of Capital Funds
第十二章	净收入的确定	The Determination of Net Income
第十三章	净收入股息的处置	The Disposition of Net Income Dividends
第十四章	净收入盈余和专项储备的处理	The Disposition of Net Income Surplus and Special Reserves
第十五章	预算控制	Budgetary Control

(续表)

章次	名称	名称原文
第十六章	财务管理中的弊端	Abuses in Financial Administration
第五篇	扩张和合并	Expansion and Combination
第十七章	业务扩展的一般特征	General Features of Business Expansion
第十八章	融资扩张方法	Methods of Financing Expansion
第十九章	公司合并	Corporate Combinations
第六篇	破产与重组	Failure And Reconstruction
第二十章	破产的性质和原因	Nature and Causes of Failure
第二十一章	破产重组的补救措施	Remedies for Failures Reconstruction
第二十二章	重组流程	Procedure of Reconstruction

目前，*Corporation Finance*（《公司财政》）一书在厦门大学图书馆、中山大学图书馆、上海立信会计金融学院图书馆等均有收藏。

第九章

潘序伦翻译作品举要

20世纪初，中国的工业落后于世界各国，会计等学科的发展也较为落后。因此，潘序伦在编著簿记、会计学等教程时，经常参考国外文献，汲取相关学科最新研究成果，借鉴外国实践经验。同时，为使国内读者第一时间阅读、学习国外经典著作，他还多次采取直接引进外文原著、翻译出版的方式，大大缩短了时间差，起到了事半功倍的作用。其中比较重要的除了劳伦斯所著 Cost Accounting[1]，还有佩顿[2]所著 Advanced Accounting，佩顿和利特尔顿[3]合著的 An Introduction to Corporate Accounting Standards 等。

一、《高等会计学》

1949年8月，立信会计研究编译所再度致力于会计编辑工作。

---

[1] 劳伦斯 Cost Accounting 详细情况，见本书第三章。

[2] 佩顿（William A. Paton），1889—1991年，潘序伦等翻译其著作时均译作"裴登"。美国著名会计学家，创办《会计评论》(Accounting Review)并担任第一任主编，是《会计师手册》(Accountants' Handbook) 1932年至1943年版的主编，起草《公司会计准则绪论》，著有《会计原则》(Principles of Accounting，1918)、《会计理论》(Accounting Theory，1922)、《高级会计学》(Advanced Accounting，1941) 等。

[3] 利特尔顿（Ananias Charles Littleton，1886—1974年），或称立脱儿登，美国著名会计学家，著有《1900年以前的会计发展》(Accounting Evolution To 1900，1933)、《会计理论结构》(Structure of Accounting Theory，1953) 等。

考虑到当时国内经济现状，潘序伦决定引进国外重要会计新著，以"立信会计译丛"形式出版，供国内读者参考，该译丛本着"述而不作"，拟选译二三十种，作为"立信会计丛书"之新篇。首先选定的是佩顿所著 *Advanced Accounting*。

Advanced Accounting 由美国纽约 Macmillan 公司于 1941 年 5 月出版（习称"1940 年版"），全书共 800 多页，篇幅较大，一时难以全书翻译、出版，潘序伦决定将其中重要及精彩部分先行译出，使读者先睹为快，并邀请张蕙生、萧克木参与翻译。1949 年 9 月起，该书各单元译稿陆续由立信会计图书用品社专册出版，详见表 9-1。

表 9-1 佩顿 *Advanced Accounting* 翻译出版情况

原书章次及主要内容	译文出版所用题名	译者	出版时间
第 1 章至第 4 章 　编表之原则及方法 　工商业实际应用表式举例 　政府规定及团体推介之表式 　特种报表	决算表之编制	潘序伦、张蕙生	1949 年 11 月
第 5 章至第 6 章 　存货之管理 　存货之计价	存货之管理及计价	潘序伦、萧克木	1949 年 10 月
第 7 章至第 8 章 　长期投资 第 27 章至第 28 章 　固定负债	长期投资与固定负债	萧克木	1950 年 01 月

（续表）

原书章次及主要内容	译文出版所用题名	译者	出版时间
第 9 章至第 17 章 　厂房设备账户 　固定资产之折旧 　厂房设备之估价 　土地 　递耗资产	固定资产	萧克木	1949 年 12 月
第 18 章至第 19 章 　无形资产之种类及其成本之计算 　无形资产之估价	无形资产	潘序伦	1949 年 12 月
第 20 章至第 21 章 　营业收入 　营业支出	收益之决定	潘序伦	1949 年 09 月
第 20 章至第 21 章 　股本 　股本折价与资本盈余 　资本结构之调整 　股利 　盈余与准备	股本盈余股利及准备	萧克木	1950 年 09 月
第 29 章至第 33 章 　比率分析法 　资金表 　讨论式及图式报表 　决算表资料详细分析举例 　"等值货币"报表	决算表之分析及解释	潘序伦	1949 年 11 月
第 34 章至第 36 章 　概说 　无少数权利时之合并 　有少数权利时之合并 　公司间损益项目之合并 　合并决算表编制工作示例	合并决算表	潘序伦	1949 年 09 月

Advanced Accounting 各单元译文专册具有一定的独立性，读者可以根据需要选择阅读。但潘序伦在《决算表之编制》"译者序言"中建议，该册应当与其他各册同读，以免造成知识割裂，可以在读完本册后续读其他各册，也可以在读完其他各册后再读本册。此外，他认为，学习该书时如果兼读佩顿《会计准则》①，效果会更好。

潘序伦原计划 Advanced Accounting 各章翻译之后，再集印成《高等会计学》全书，以便利于读者阅读使用。但目前未见该书全译本，疑未刊印。

二、《公司会计准则绪论》

《公司会计准则绪论》原名 An Introduction to Corporate Accounting Standards，由佩顿和利特尔顿编撰，美国会计学会（American Accounting Association，AAA）于 1940 年在芝加哥出版。

佩顿和利特尔顿均为 AAA 执行委员，两人曾于 1936 年 6 月在 The Accounting Review 杂志发表《公司决算表基本会计原理试述》（A Tentative Statement of Accounting Principles Underlying Corporate Financial Statements），引起广泛争议和激烈讨论。此后，作者参考批评者的意见，对原文进行了修改，对 AAA 所提出的会计原则草案的基本理论作出了合理论证，并由 AAA 于 1940 年以 An Introduction to Corporate Accounting Standards 之名发布。该书首次

---

① 即《公司会计准则绪论》，其详细情况见本章第三节。

用"准则"(standards)代替"原则"(principles)一词,全面介绍公司会计工作的准则、概念、成本、收入、收益、盈余等。

潘序伦认为,An Introduction to Corporate Accounting Standards 对许多会计学概念的基本原理进行了阐述,并将会计准则文本详述于书中,可以协助公司会计员对其工作实务进行评估,也有助于会计师对公司决算表进行规范审核。因此,潘序伦将该书作为引进对象。

潘序伦译稿于 1949 年 8 月由立信会计图书用品社发行,所用名称为《公司会计准则绪论》,其下分别印有英文原名和"一名会计学精义"字样。值得注意的是,该书封面上作者利特尔顿的英文拼写错误,误为"A. B. Littleton",中文书名中的"会计准则"四字字号明显大于其两侧的"公司""绪论",而正文的书眉也只有"会计准则"四字(图 9-1)。潘序伦在"译者序言"中称该书为"会计基本原理之第一册",以作为沉寂已久的国内会计学术界的研究资料。

《公司会计准则绪论》一书共七章(表 9-2),目次页中,同时列示各章名称的中、英文,但在正文部

图 9-1 《公司会计准则绪论》封面
(收藏于上海立信会计金融学院松江校区图书馆)

分仅有中文名称。

表 9-2 《公司会计准则绪论》目次

章次	名称
第一章	准则/standards
第二章	观念/concepts
第三章	成本/cost
第四章	营业收入/revenue
第五章	收益/income
第六章	盈余/surplus
第七章	解释/interpretation

2013年5月，立信会计出版社将《公司会计准则绪论》作为"会计经典丛书"之一种出版。此前，厦门大学会计系翻译组将 An Introduction to Corporate Accounting Standards 第16版（1977年出版）译为《公司会计准则导论》，由中国财政经济出版社于2004年5月出版。

三、《会计师查核决算表之原则与程序》

《会计师查核决算表之原则与程序》原名 Examination of Financial Statement by Public Accountants，由美国会计师协会（American Institute of Accountants，AIA）[①]编辑，1936年1月出版。

[①] 美国全国性会计职业组织，成立于1887年，初名美国公共会计师协会（American Association of Public Accountants，AAPA）；1917—1936年曾用名美国会计师协会（American Institute of Accountants，AIA）；1957年更名为美国注册会计师协会（American Institute of Certified Public Accountants，AICPA）。

自 1939 年起，AIA 对于查账程序，继续研究、发表公报，对于前定各项程序，也多有增改，对应收账款及存货方面改动较多。

1949 年 7 月，潘序伦完成 1936 年版 *Examination of Financial Statement by Public Accountants* 的翻译工作，并根据 AIA 历次决议所做的修改予以修正，述而不评。1949 年 9 月，译本以《会计师查核决算表之原则与程序》之名由立信会计图书用品社发行，至 1951 年 5 月还有重印。

第十章 潘序伦著会计学论文概述

潘序伦在致力于编辑教科书（主要以"立信会计丛书""立信会计译丛"的形式）的同时，在会计专业学术论文写作、会计期刊编辑方面也投入了大量的精力，成绩斐然。其中论文大多发表于潘序伦主事的立信刊物《立信会计季刊》《立信会计月报》，还有部分发表于《会计季刊》《立信月报》及其他刊物。潘序伦所著论文按其内容，可以分为以下六大类别。

一、有关具体会计问题的探讨与研究

此类论文在潘序伦所著论文中，所占比例最大，大多发表于20世纪30年代、20世纪40年代。其中，较为重要的有：

1931年之《营业税的征收与资本额之计算》；

1933年之《我国公司会计中股本帐户之研究》《工厂材料之管理与会计》《查帐标准程序之拟定》；

1934年之《存货估价问题》《清算会计》《合并资产负债决算表之编制》；

1935年之《审核应收帐款之原则及方法》；

1936年之《和解及破产概要》《单位成本之意义及其重要》；

1941年之《股份有限公司之决策及盈余分配》《股份有限公司增减资产问题》；

1942年之《论连环帐簿》《政府决策的利弊》；

1949年之《会计基本方程式和资产负债资本的意义》《无形资产计价论》《成本与生产量及生产能量之关系及其计算方法》等。

其中，有的论文经过补充、修订后以图书形式再次出版。例如，《会计名辞汇译》先在《立信会计季刊》连载，丁偌补遗及复旦大学会计名辞研究会等的商榷意见也在该刊登载，其后才正式汇集出版。

同时，潘序伦在抗战时期对会计学的教学与发展也有颇多研究，如1933年之《会计学发达史》，1936年之《怎样研究会计学》《非常时期之会计问题》，1939年之《我国会计学术之追溯》，1941年之《会计学修习法》等。

二、有关会计法律法规及规范的建议与意见

潘序伦注重会计相关法律法规的研究，不仅体现在其所编著教科书之多次改订是为了因应当时国民政府相关法令的变更，还体现在其多次参与相关法规、规范的制定及宣传介绍工作，并为此多次撰写论文、提交建议。

这方面的论文主要有：

1935年之《我国公司会计中几项法律问题》《我国合伙会计中

几项法律问题》；

1936 年之《对于我国新颁布所得税法规之意见》；

1937 年之《致财政部所得税事务处函（一）——陈述对于第一类营利事业所得税征收须知草案应行改正各意见》《致财政部所得税事务处函（二）——对于征收须知草案续陈应行补充改正各点》[①]；

1939 年之《国立编译馆拟定经济学名词初审本中与会计有关各名词之讨论》；

1941 年之《国立编译馆"会计学名词"之商榷》（潘序伦、黄组方）。

潘序伦等会计师参与税法讨论，对于工商界加强对税法的理解及认识有一定的引导作用，也对政府修改税法起到督促作用，同时也有利于增加会计师事务所业务量，拓宽会计师职场空间。

三、有关会计学理论研究与应用实践的演讲

潘序伦积极向业界、社会大众宣讲会计知识、传播现代会计思想、介绍会计从业经验，经常就会计学理论研究与应用实践领域的相关问题发表演讲。其中，部分演讲内容经整理后发表于相关刊物，较有影响的包括：

1933 年，潘序伦在上海商学院就会计名词问题发表演讲，后根据雷平一记录，以《会计名辞之商榷》为题在《国立上海商学院院

---

① 此两函均由潘序伦、李文杰、顾询等联名发出。

务半月刊》第五期发表；

1934年，潘序伦在复旦大学商学院会计系会计名词讨论会上发表讲话，后根据王士企记录，讲话稿以《会计名辞之研究》为题刊于复旦大学《会计期刊》创刊号；

1934年，潘序伦在浙江教育厅附属机关会计人员讲习所介绍其经营立信会计专科学校的经验，后根据施仁夫的笔记，演讲稿以《学校成本会计述要》之名发表于《立信会计季刊》第七期，后以《学校成本会计》为题收入潘序伦本人编辑的《各业会计制度》第二集（商务印书馆，1935）；

1937年，潘序伦分别在无锡及宜兴县商会、实业部、上海市商会所得税问题研究会[①]就所得税问题进行演讲，其中，在上海市商会的演讲稿根据李文杰[②]记录，以《上海市商会所得税问题研究会议决案之总检讨》为题发表于《立信月报》第七期；

1940年，潘序伦在四川省立重庆商学院发表演讲"我国的新兴会计职业"，后根据梁矩章、高永康记录，在《广大计政》1940年第六卷第六6期、《立信会计月报》1941年第一卷第一期发表；

[①] 1937年1月25日，上海市商会所得税问题研究会召开专门会议讨论税法，邀请立信会计师事务所潘序伦、李文杰会计师前往演讲，解释所得税法及其计算细节。所到者有商会主事及各同业公会代表近两百人，会议就所得税法则及其会计问题形成议案四十余件，由上海商会采择上呈。前文所述潘序伦等联名的《致财政部所得税事务处函（一）——陈述对于第一类营利事业所得税征收须知草案应行改正各意见》《致财政部所得税事务处函（二）——对于征收须知草案续陈应行补充改正各点》即为其中两件。

[②] 李文杰(1906—1998年)，著作主要有《簿记初阶》《会计论文选读》《所得税原理及实务》（潘序伦、李文杰）、《上海市商会所得税问题研究会议决案之总检讨》（潘序伦、李文杰）、《律师事务所所得税及会计上应行注意之事项》（赵祖慰、李文杰拟定）等。

1948年，潘序伦在立信会计专科学校就会计学发展趋势问题发表演讲，后根据张戟笔记，以《会计学之新趋势》为题发表于《立信月刊》第七卷第一期。

潘序伦的演讲通俗易懂，具有较强的感染力，效果明显，直接面向听众；演讲稿经期刊发表后，传播范围迅速扩大，进一步增加了传播力、影响力。

四、有关会计学人才培养的论述

潘序伦长期从事会计教育事业，对人才培养及会计职业发展非常重视，多次发表相关论文，阐发会计职业道德思想，希望会计从业人员培养诚信品格，恪守会计职业道德，坚守质量和信誉两条生命线。其中，早期论文有《中国会计师职业》（1933年）、《告立信会计补习学校全体同学书》（1937年）、《敬告国内有志于会计职业之青年》（1940年）、《为"自习会计"敬告职业界失学青年》（1940年）、《我国会计学术与会计职业之回顾与前瞻》（1940年）等。

20世纪80年代，潘序伦不顾年迈之躯，致力于恢复立信办学大计，同时就会计人员的职业道德等发表了多篇论文，向会计界发出了殷切希望。如《开展"人才会计"的研究》（1981年）、《会计人员是经营管理的"参谋长"》（1982年）、《谈谈会计人员的职业道德》（1983年）、《紧跟形势要求 提高财会人员素质》（潘序伦、丁苏民，1983年）、《新技术革命向会计界提出的问题》（1984年）等。

五、图书序言及期刊发刊词

为了使读者了解、理解图书编撰的意义及使用方法，潘序伦所编著的图书一般都有较为详细的序言或例言，他本人还为立信同仁编著的其他图书撰写序言以推荐之，如前文所述，陈文麟、施仁夫所编《初级商业簿记教科书》于 1935 年 6 月由商务印书馆出版前，潘序伦为之定名并作序。有的序言还在相关期刊上发表，起到了推广、介绍作用，提高了相关图书在读者群中的知晓度，如潘序伦所著《会计学》1934 年版之序言以《潘著会计学序》为题刊载于 1934 年 10 月出版的《立信会计季刊》第六期。

此外，潘序伦在创办、主办会计期刊的同时，还经常为之撰写序言或发刊词，几乎涵盖了立信所有刊物。如：

1933 年 7 月，《立信会计季刊》第二卷第一期"弁言"；

1936 年 8 月，《会计学报》第一卷第一期"创刊序言"；

1936 年 8 月，《立信月报》创刊号"发刊词"；

1940 年 1 月，《立信月报》第三卷第一期"工商业决算问题专号"序言；

1941 年 1 月，《立信会计月报》（重庆）创刊号"发刊词"。

这些序言、发刊词有助于读者了解、理解相关图书、期刊，提高了这些文献的知晓度和影响力，促进了其传播。

六、有关立信事业发展及潘序伦本人历史的回顾

潘序伦重视会计执业、办学历史的总结与记录，其撰写或起草的相关文献是研究立信会计事业及中国近代会计发展历史的重要资料，早期比较重要的有《从商业职业补习教育说到本校①》（1931年10月）、《立信会计师事务所概况》（1932年7月）、《本所十周年纪略及贺词》（1937年1月）、《本所附设会计补习学校创办日校缘起》（潘序伦、李鸿寿、甘允寿）、《本所创办立信会计专科学校缘起》（1937年1月）、《私立立信会计专科学校董事会章程》（1948年）等。

20世纪80年代，潘序伦还发表了数篇有关立信会计事业的文章，如《立信会计学校的创办和发展》（1980年）、《立信会计在天津》（1982年）、《立信会计在重庆》（1984年8月）等，为了解、研究立信历史提供了可靠的资料。

关于潘序伦的人生经历，其本人曾于1935年发表《自述》《求学经过的自述》《求学与执业的自述》等，半个世纪之后，1983年又在《青年一代》《人物杂志》发表《一个会计学家的自述》。1984年，《财务与会计》杂志分11期连载《潘序伦回忆录》，后由中国财政经济出版社于1986年结集出版。通过这些文章，我们可以较为全面地了解潘序伦求学及后来创办、发展"三位一体"立信会计事业的历程。

---

① 本段之"本校"指不同阶段的立信会计学校，"本所"均指立信会计师事务所。

第十一章

潘序伦编辑主要刊物介绍

1924年9月，潘序伦从美国学成回国。不久，上海商科大学决定定期出版《商业杂志》，潘序伦被校长聘请的师生五人小组公推为商业杂志委员会主任兼编辑主任，负责该项工作①。以此为发端，在此后数十年的"三位一体"立信会计事业中，潘序伦在会计期刊编辑方面投入了大量的精力，创办多份会计专业期刊，并亲自撰写稿件，为推动中国会计事业发展、传播会计学术研究成果做出了卓越贡献。

一、《会计季刊》与《立信会计季刊》

（一）《会计季刊》

1931年7月，顾准发起创立以"敦睦友谊，切磋学术"为宗旨的立信会计学校同学会，并由同学会编辑、发行专业期刊《会计季刊》。《会计季刊》以顾准为主编，于1931年7月20日出版第一期即创刊号，潘序伦题写刊名。该刊拟1月、4月、7月、10月各出一期，但由于战事原因，第三期比原定出版日期延迟六七月方才出版，

---

① 《申报》1924年12月9日第11版"**本埠**"栏目之简讯"上海商科大学消息"之一条。

但出版日期仍按正常标注。

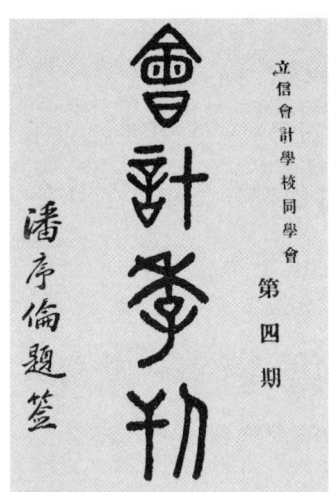

图 11-1 《会计季刊》创刊号、第四期封面
(收藏于上海立信会计金融学院松江校区图书馆)

第四期也因此推迟至 1932 年 12 月 20 日出版，比原计划的 1932 年 4 月晚了 8 个月。与第三期不同的是，第四期按实际日期标注出版时间。之后，《会计季刊》停刊。

(二)《立信会计季刊》

1933 年 1 月，坚持"改良中式簿记"观点的徐永祚会计师在上海编印《会计杂志》月刊①，受到工商界和会计界人士的欢迎。作为"改革派"代表人士的潘序伦决定将停刊不久的立信同学会《会计季

---

① 《会计杂志》由中国会计学社和徐永祚会计师事务所主办，1933 年 1 月在上海创刊，1936 年 12 月停刊，共出版 8 卷 48 期。该刊既积极介绍国内改良中式传统簿记的理论与方法，又引进了西方先进的会计思想，为当时中国会计学的发展注入了鲜活的力量，对于推动会计行业的建设起到了重要作用。

刊》复刊，并更名为《立信会计季刊》，由立信会计师事务所负责发行。《立信会计季刊》第一期于1933年7月出版，卷、期号与《会计季刊》接续，称第二卷第一期。《立信会计季刊》编辑部设在上海市宁波路190号立信会计师事务所内。顾询、钱乃澄、许敦楷、李鸿寿、王澹如等任编辑，潘序伦不仅亲任编辑主任，撰写发刊序言，且向该刊提供了不少稿件。

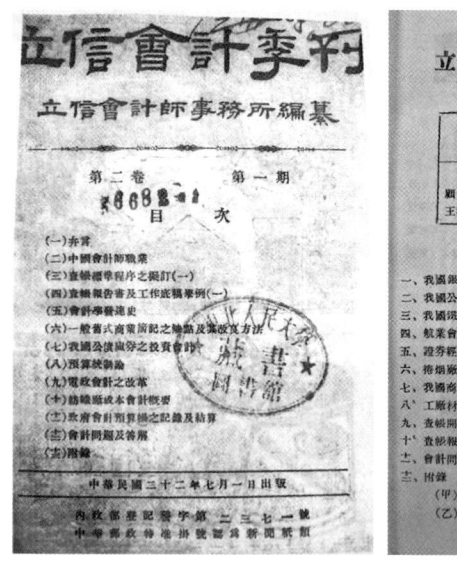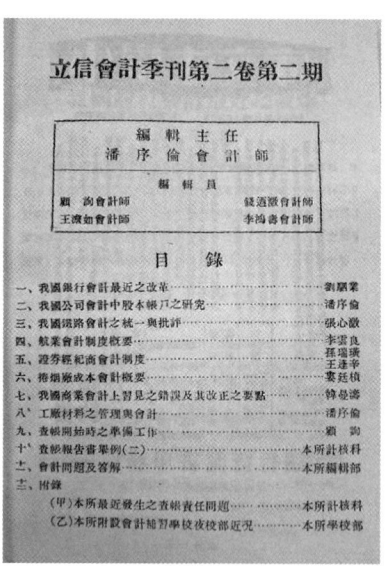

图11-2 《立信会计季刊》第二卷第一期、第二期封面
(收藏于上海立信会计金融学院松江校区图书馆)

《立信会计季刊》第二卷出满四期之后，不再按年分卷次，改为总期号制，但并未与原立信同学会《会计季刊》连续计算，因此，1934年7月1日出版的当期刊物，并未标识"第三卷第一期"或

"第九期",而是编为"第五期"。可见其有与《会计季刊》脱离关联之意。

1934年,潘序伦等人因质疑"改良中式簿记"与徐永祚等改良派激烈论战,后者将《会计杂志》作为发声渠道,而《立信会计季刊》则成为潘序伦等改革派的主要阵地,刊发了多篇重要论文,在业内产生了较大影响,如潘序伦《为讨论"改良中式簿记"致徐永祚君书》、顾准《评徐永祚氏"改良中式簿记"》、钱乃澄《对于徐永祚君"改良中式簿记"之批评》、张心澄①《对于改良中式簿记之管见》等,后来这些论文集成一册《"改良中式簿记"之讨论》②,由立信会计师事务所于1935年出版。

1935年4月,《立信会计季刊》第八期出版之后,由于事务所业务繁忙,加之编辑"立信会计丛书",难以兼顾期刊编辑工作,潘序伦等人决定停止《立信会计季刊》相关工作。同为中国会计学社理事的潘序伦、徐永祚提议,由中国会计学社主持会计刊物的编辑工作,这一建议获得学社理事会的同意,自1935年7月1日起,中国会计学社编辑《会计季刊》,以替代潘序伦之《立信会计季刊》和徐永祚之《会计杂志》月刊,至1937年4月,《会计季刊》共出版两

---

① 张心澄,著作有《超然主计制度》《澄课会计向导》《广西特种基金会计制度》《合作社会计甲种详解及实例》《会计人员与长官同事摩擦问题》《交通理债方略》《企业会计与政府会计之异点》《铁道会计》《银行新会计教程》《战时岁计会计审计》《中国现代交通史》《周礼财计制度》等。

② 《"改良中式簿记"之讨论》一书收《立信会计季刊》有关改良中式簿记的讨论文章6篇,包括第二卷第四期之《为讨论"改良中式簿记"致徐永祚君书》(潘序伦)、《评徐永祚氏"改良中式簿记"》(顾准)、《对于徐永祚君"改良中式簿记"之批评》(钱乃澄),第五期之《对于改良中式簿记之管见》(张心澄),第六期之《四柱结算表与铁路总原簿之异同》(张心澄)、《中西会计沟通问题》(李云良)。

卷 8 期。

1937 年夏，立信会计师事务所筹建立信会计专科学校，并专设研究与编辑科，计划恢复《立信会计季刊》，第九期、第十期刊物的稿件编排工作也基本完成，但由于抗日战争全面爆发，百业停顿，复刊之事搁浅。

艰苦的抗战，并没有影响国内会计界同仁对于会计学术研究的追求，所得税、过分利得税及遗产税等相关法律颁布并实施，国民政府主计处积极推进主计制度，使得工商界及学术界研究会计原理及实务的兴趣大增，于是潘序伦及立信同仁再次计划恢复《立信会计季刊》的编辑、出版工作。

1940 年 6 月，《立信会计季刊》在停刊五年后终于正式复刊，拟 3 月、6 月、9 月、12 月各一期，复刊后第一期期号与停刊前的《立信会计季刊》接续，为第九期。

《立信会计季刊》在公共租界内登记，由立信会计师事务所和立信会计专科学校联合编纂，潘序伦任编辑主任，黄组方、潘志甲、顾准任编辑，李文杰、顾询、钱乃澄、李鸿寿、陈文麟、唐文瑞、叶朝钧、陈启运①等八人为撰稿人，夏治潜、陈福安担任助理编辑。

《立信会计季刊》于 1941 年 12 月出版第十五期后，再度停刊。

1949 年 9 月，停刊八年的《立信会计季刊》再度复刊，是为第十六期，由立信会计研究编译所编纂，立信会计图书用品社发行。

---

① 陈启运，著有《旅馆业会计制度概要》，刊于《立信会计季刊》1934 年 10 月第六期 221-252 页。

本次复刊，潘序伦定下两个基调：一为翻译引进国外会计新著、介绍新的会计理论与方法，述而不作，以供国内同行参考，并可作为大专学校的补充教材；一为反映国内经济建设及会计学术的发展。

但在其后的一年间，由于各种原因，外国资料的译述工作未达预期，国内各种经济政策尚在试行甚至拟定阶段，不能正式发表，而立信会计研究编译所的同仁则忙于改编旧著或改写新书，无暇为刊物撰稿，所收到的外部投稿数量也不尽如人意。因此《立信会计季刊》自第十七期（1949年12月）起"暂时"改为不定期出版，当期刊载之稿件为原存的立信会计研究编译所同仁之论文。

1951年6月1日，《立信会计季刊》第十八期出版，其与第十七期相隔一年半之久，这也是目前所能所见的《立信会计季刊》最后一期刊物。《立信会计季刊》停刊时间及原因不详。

总之，由于时局影响，《立信会计季刊》断断续续出刊，自1933年创刊到1951年停刊，只出版22期（含《会计季刊》4期），具体出版时间如表11-1所示。

表11-1 《会计季刊》《立信会计季刊》出版时间

年份	名称	卷（期）号
1931	会计季刊	（1）～（2）
1932	会计季刊	（3）～（4）
1933	立信会计季刊	2（1）～2（2）
1934	立信会计季刊	2（3）～2（4），(5)～(6)

(续表)

年份	名称	卷（期）号
1935	立信会计季刊	（7）～（8）
1940	立信会计季刊	（9）～（11）
1941	立信会计季刊	（12）～（15）
1949	立信会计季刊	（16）～（17）
1951	立信会计季刊	（18）

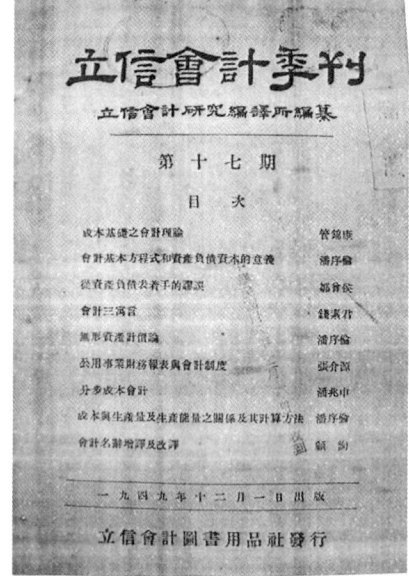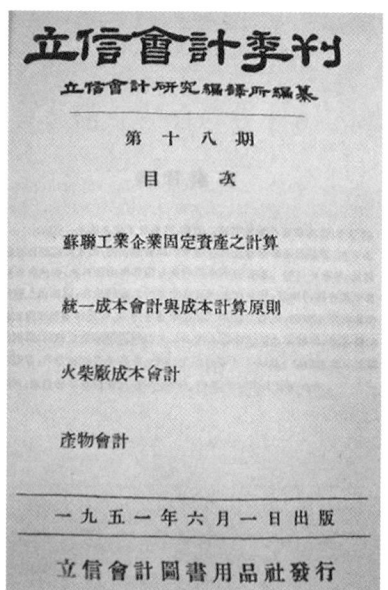

图11-3　《立信会计季刊》第十七期、第十八期封面
（收藏于上海立信会计金融学院松江校区图书馆）

《立信会计季刊》每期十余篇文章，数量不多但篇幅都较长，因而每期常达两三百页，约20万字。卷末登载少量广告，同时还有潘序伦编辑的其他会计类教科书、理论书籍等的推荐介绍。

《立信会计季刊》一直坚持"为灌输会计学术以期改良国内会计"的办刊宗旨，专业性较强，内容丰富、精深，包括发表交流会计经验、改进会计人员技能方面的文章，研究会计工作的实际问题，又及时翻译国外会计新文献、介绍国外会计发展情况、国内行业会计制度和政府财会法令规章，因此颇受读者欢迎。

《立信会计季刊》在中国会计学术史上具有非常重要的意义。该刊中大量关于会计学的文章论说，对于中国近代会计学的学科史研究具有非常重要的史料参考价值，同时，也是研究民国时期专科类高等学校的重要资料。

二、《立信月报》与《立信月刊》

《立信月报》由立信会计师事务所编辑、发行，施仁夫、陈文麟、潘序伦等主编。《立信月报》创刊号于1936年8月15日发行，潘序伦亲撰发刊辞。

《立信月报》属于经济类刊物，主要刊登关于工商业发展和会计制度研究的文章，介绍财政政策和条例，可作为研究民国时期金融、会计等行业历史的参考史料。该刊常以专题形式组稿，如第六期（1937年1月15日）为"本所[①]成立十周年纪念专号"、第七期为"所得税专号"、第九期为"遗产税专号"、第十期为"立信会计专科学校专号"，是研究相关历史的难得资料。

---

① 即立信会计师事务所。

图 11-4 《立信月报》第六期、第十期封面
（收藏于上海立信会计金融学院松江校区图书馆）

1936 年 8 月至 1937 年 5 月，《立信月报》不分卷次，期号连续，共出 10 期。之后首度停刊。

1939 年 1 月，《立信月报》复刊，并由立信会计师事务所、立信律师事务所联合编辑，潘序伦、李文杰负责编辑及发行工作。1939 年 1 月 1 日出版第二卷第一期，此后每年一卷、每月一期，直至 1941 年 12 月第四卷第十二期出版后，由于淞沪战事等原因再次停刊。其间，《立信月报》编辑、出版多期专号，如 1940 年第三卷第一期"工商业决算问题专号"、第二期"工商业增资问题专号"、第三期"过分利得税专号"、第四期"房地产租赁问题专号"、第七期"立信会计职业咨询所创立特刊"等。

1946年7月15日,《立信月报》再度复刊,并由立信会计师事务所、立信会计专科学校联合编辑,到当年末共编辑6期,是为第五卷。1947年1~7月,《立信月报》第六卷发行7期。

1947年8月,《立信月报》更名为《立信月刊》,仍然以刊载会计方面的各种知识和信息为主,并延续原卷次、期次,当年出版5期(第八期至第十二期)。1948年,《立信月刊》第七卷出满12期。

目前所见《立信月刊》最晚一期为1949年出版的第八卷第四期,具体停刊时间不详。

《立信月报》《立信月刊》出刊情况如表11-2所示。

表11-2 《立信月报》《立信月刊》出刊情况

年份	所用刊名	卷(期)号	备注
1936	立信月报	(1)~(5)	
1937	立信月报	(6)~(10)	
1939	立信月报	2(1)~2(11/12)	第11期、第12期合刊
1940	立信月报	3(1)~3(12)	
1941	立信月报	4(1)~4(12)	
1946	立信月报	5(1)~5(6)	
1947	立信月报	6(1)~6(7)	
1947	立信月刊	6(8)~6(12)	
1948	立信月刊	7(1)~7(11/12)	第11期、第12期合刊
1949	立信月刊	8(1)~8(4)	

《立信月刊》刊载了不少会计方面的知识、当时的相关制度和

消息等内容,对于研究民国时期中国会计领域的情况有一定的帮助。同时,该刊的编印者立信会计师事务所和立信会计专科学校是潘序伦"三位一体"立信会计事业的重要组成部分,因此,该刊对于研究立信会计事业具有重要的史料价值。

三、《立信会计月报》

1938年,国民政府迁都重庆以后,全国人力物力逐渐西移,大后方的文化、经济、教育都有了较大的发展,涉及政治、经济、军事、文化各方面的出版物较为丰富。1940年,潘序伦离沪赴渝,任教于重庆大学,并在重庆设立了立信会计师重庆分事务所(也称立信会计师事务所重庆分所)和多种教学形式的立信会计学校。他敏锐地发现,重庆等西南地区会计行业知识及人才严重匮乏,会计等应用科学领域的刊物难得一见,而立信会计师事务所上海本部编辑的《立信会计季刊》《立信月报》等由于邮递关系,不能大量运销内地,难以传播至西南地区,因此,决定在重庆编辑、发行《立信会计月报》。

《立信会计月报》由潘序伦、陈文麟、王逢辛负责编辑,立信会计师重庆分事务所发行,潘序伦兼任发行人,并为1941年1月出版的创刊号撰写发刊词。

《立信会计月报》的办刊目的是研究会计学术,促进会计实务之改进,推动西南地区的会计行业发展,进而助力中国工商业管理模式的全面升级。鉴于前述《立信会计季刊》《立信月报》等难以行销内地情况，而这些刊物中不乏颇有价值的研究题材和较为重要的实用资料，潘序伦决定选摘《立信会计季刊》《立信月报》等刊物发表的重要文章重新刊载，即所谓"以最经济之篇幅……以期稍解后方人士对于会计一科求知之饥渴"。其中，刊发潘序伦本人论文十余篇。在具体内容上，《立信会计月报》设有论述、评议、讲演、制度、资料、附录等栏目，三分之二属于会计学术探讨，三分之一属于会计时事的提示与评论。

《立信会计月报》目前所见共12期，最晚一期为1943年8月出版的第二卷第六期。该刊虽名为"月报"，版权页也有"每月出版一册"之标识，但出版周期实际并不固定，每期的出版日期也不固定，详见表11-3。

表11-3 《立信会计月报》各期出版时间

项目	第一期	第二期	第三期
第一卷	1941年1月1日	1941年6月1日	1941年9月1日
第二卷	1942年7月20日	1942年8月10日	1942年9月30日
项目	第四期	第五期	第六期
第一卷	1941年12月10日	1942年2月10日	1942年4月1日
第二卷	1942年11月25日	1943年2月1日	1943年8月1日

来源：根据《立信会计月报》各期标注出版时间整理。

《立信会计月报》不仅在重庆发行，还在西南其他地区发行，如第一卷第二期于1941年6月1日在重庆出版，并于7月1日在桂林再版；其创刊号在出版后的半年时间内至少刊印四次（1941年10月1日为四版）。

作为一份会计类专门刊物，《立信会计月报》内容丰富，专业性强；虽然出版期数不多，但也组织出版专号，如第二卷第五期为"重庆市会计师公会第十周年纪念文特辑"。该刊的出版，为抗日战争时期西南地区的工商业管理提供了帮助，也促进了会计人才的培养，该刊也可作为抗日战争史、经济史研究的史料参考。

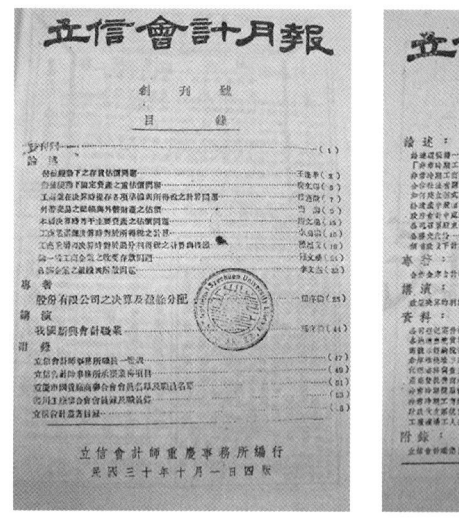

图11-5 《立信会计月报》创刊号、第五期封面
（收藏于上海立信会计金融学院松江校区图书馆）

四、《立信会计选辑》

立信会计专科学校于1980年10月复校后，教材缺乏问题比较

严重。为此，潘序伦于1981年2月组织原立信会计研究编译所的部分人员成立立信会计编译所，并在所内组建新编立信会计丛书编辑委员会，以恢复编辑会计丛书。新编立信会计丛书编辑委员会由潘序伦任主任，王澹如、管锦康[①]任副主任，自1981年起，编辑、出版"新编立信会计丛书""立信财经丛书"两个系列各数十种图书，后又经编译所同仁建议，从1984年起编辑出版《立信会计选辑》。

潘序伦指出，编辑发行《立信会计选辑》的目的在于：一是为读者提供一般会计书籍中所缺乏的内容，以补充其不足；二是为会计理论提供一个探讨的场所，为广大会计工作者提供有用的参考资料。因此，《立信会计选辑》主要着重两个方面的内容：一是有关会计理论的研究和实践经验的介绍，二是有关财会方面章则规定的宣传和讨论。

《立信会计选辑》采取"以书代刊"形式，计划每年出版若干辑，至1987年底实际发行6辑，均为32开本。其中，前四辑均由知识出版社出版、发行。

《立信会计选辑》第一辑于1984年4月出版，163页，共18篇文章，前两篇分别为潘序伦所作《一定要把〈立信会计选辑〉办好》（第1~3页）、《求学经过的自述》（第4~13页，1935年旧作）。最

---

① 管锦康，著有《审计学原理》《审计定义与职能》《现代审计学》《现代审计学原理》等，发表论文《对于社会主义审计基本理论几个问题的探讨》《国家审计中的经济效益审计》《我国审计模式探讨》《我国内部审计的性质和对象》《试论审计方法》《论审计的职能》《论财务报表审计及有关问题》等，主编《简明各业审计知识》（管锦康、赵友良、杨时展等）。

后附有《会计学原理》自学考试试题及解答、答读者问。

《立信会计选辑》第二辑于 1984 年 9 月出版，156 页，16 篇文章，最后附有上海市 1983 年高等教育自学考试《会计学原理》《工业会计学》试题、上海市外贸系统 1983 年度招聘财会人员试题。

《立信会计选辑》第三辑于 1985 年 6 月出版，147 页，18 篇文章，首篇为潘序伦所作之"认真贯彻《会计法》开创会计工作新局面"。

《立信会计选辑》第四辑于 1986 年 2 月出版，141 页，13 篇文章，首篇为潘序伦所作"会计工作者要促进改革"，后附上海市 1984 年高等教育自学考试上海财经学院会计学专修科《工业会计》试题及参考答案。此前，潘序伦先生已于 1985 年 11 月 8 日逝世，本辑出版时仍列名为"编委会主任"。

1986 年 9 月，立信会计图书用品社恢复办社，这是潘序伦生前多方呼吁、奔走的结果。立信会计编译所编辑的"新编立信会计丛书""立信财经丛书"《立信会计选辑》等不再借道知识出版社出版、发行。

1987 年 10 月，《立信会计选辑》第五辑由立信会计图书用品社出版，138 页，15 篇文章。本辑后附张立年整理的"潘序伦先生著作目录"一文，但该目录只列出潘序伦部分著作，遗漏较多。

1987 年 12 月，《立信会计选辑》第六辑由立信会计图书用品社编辑、出版，162 页，含 12 篇文章及 4 套试题。

五、与潘序伦有关联的其他刊物

(一)《立信会计专修学校同学会会刊》

《立信会计专修学校同学会会刊》创刊于1931年,编辑者和出版者均为立信会计专修学校同学会,为不定期刊物。据该刊"发刊词"称,其目的是促进立信学生提高研求学术兴趣,积极发表个人见解,讨论会计学术和职业修养相关问题,并以此原则设置栏目、刊发稿件。

《立信会计专修学校同学会会刊》设有"论文""专载""文艺""附录"等栏目。其中,"论文"栏目主要涉及教学方法分享、职业原则与职业指导等,如《立信会计学校之教学方法》(潘序伦)、《职业的原则与实施职业指导的方法》(潘仰尧)、《怎样做会计员》(潘仰尧);"专载"栏目刊载文章介绍立信会计专修学校概况、学校对于同学会的期望,以及一些行业的会计办事细则等,如《我对于我们同学会将来的期望》(李建模)、《上海银行会计办事细则》(明荣);"文艺"栏目专载同学会的诗歌和散文作品;"附录"栏目刊载会计报告、同学通讯录等,如《立信会计专修学校同学会收支报告单(民国十九年八月至廿年一月卅一日)》(李建模)。由此也可以看出,《立信会计专修学校同学会会刊》虽然主要刊登立信会计专修学校同学会作品,但也得到了潘序伦等立信教师的支持。

《立信会计专修学校同学会会刊》是属于典型的校园刊物,内容较为广泛,对于了解立信会计专修学校发展概况以及同学会的发展具有很大的意义,同时也能部分反映近代中国会计学校的发展情况以及对于会计人才的培养情况。

《立信会计专修学校同学会会刊》停刊时间及原因不详,上海图书馆(上海科学技术情报所)"全国报刊索引数据库"收藏该刊第一期(即创刊号)全文。

(二)《立信会计专科学校卅年级级刊》

《立信会计专科学校卅年级级刊》为立信会计专科学校卅年级(第一届)学生于1940年3月1日发起创办的校园刊物,李鸿寿、潘序伦分别于1939年12月、1940年1月为该刊作序。潘序伦对首届学生编印级刊予以肯定,并希望未来在各级同学级刊基础上,集合编印校刊;李鸿寿希望随着学生对会计专业理解的加深,级刊应提高会计研究文章的比重。

《立信会计专科学校卅年级级刊》刊文以会计、教育和青年问题等内容为主,设有"学术""专载""论著""文艺""座谈"和"会讯"等栏目,其中,"学术"栏目主要刊载探讨会计和其他经济方面问题的文章,如《结算现金簿时应予注意之点》(王成杰)、《物价指数对于币值之测定及会计上之应用》(顾福佑)、《资本额之增减与所得税制逃避》(胡锦文)、《我国与英美公司法中对于股份有限公司部分之比较》(陈学文);"专载""论著"两个栏目的文章主要涉及学生较为关注的青年、学习、理想、社会等话题,也有专业知识介绍性内容,如"专载"栏目之《介绍劳宾司教授的经济理论》(夏炎德)、《读书的态度和方法》(潘志甲)、《略论文学上之摹仿》(潘铸辛),"论著"栏目之《青年应有的态度》(孙仲达)、《悼吴子玉将军》(顾福佑)、《理想与希望》(孙家溥)、《对于上海劳工之感言》(乌统明)、《聚宴训词》(李文杰、陈学文)。其余三个栏目内容大多是相关动态、简讯。

《立信会计专科学校卅年级级刊》刊文以立信会计专科学校学生作品为主,既反映了该校学生的学习情况,也反映了他们对于各种问题的看法。因此,该刊对于研究当时的学生和教育,特别是立信会计专科学校,具有一定的资料价值。

上海图书馆(上海科学技术情报所)"全国报刊索引数据库"收录《立信会计专科学校卅年级级刊》第一期、第二期全文。

(三)《立信校刊》

《立信校刊》由立信会计专科学校创办于 1941 年 8 月,为半月刊,发行 7 期后停刊。

1947 年 1 月 10 日,《立信校刊》在上海复刊,标注"复刊第一期"。刊期定为每月 1 期,1947 年出满 12 期(其中第十一期、第十二期合刊)。

《立信校刊》复刊词称,虽然私立立信会计专科学校复校"已逾一年",但"各方消息之隔阂依旧",因此出版《立信校刊》以"沟通本校各地专科学校、职业学校、补习学校,以及同学会或校友会、与各同学个别之消息于一纸"，同时"俾吾立信精神能因之而更见发扬"，希望立信师生、校友共同扶植。

正是由于上述目的，《立信校刊》的内容十分庞杂，涵盖学校方方面面，主要栏目有立信史料、沪校校讯、规程章则、各地校讯、友讯、小统计、职业介绍讯、论说记述、书籍介绍等。作为立信会计学校的专刊，《立信校刊》在加强校友、师生间的联系和交流方面有重要作用。

此外，《立信校刊》登载了较多有关立信学校的资讯，包括校史、校歌、学校设施概况、规则章程、学校生活等方面，如《立信校刊》复刊第一期复刊词就有对立信1928年创校以来的历史回顾，还刊载《立信会计专科学校校史》《立信会计专科学校校歌》《立信专科学校参观记》《私立立信高级会计职业补习学校章程》等，对研究立信学校的生存、发展、演变等内容有一定的史料参考价值。

复刊后的《立信校刊》由李鸿寿和王成杰编辑，潘序伦和陈文麟等人发行，办公地点随校址变动而几次搬迁，主要有长乐路466弄、河南路吉祥里18号、徐虹路柿子湾。

《立信校刊》目前所见最后一期为1948年6月30日"复刊第十八期"（图11-6）。该刊具体停刊时间、停刊原因均不详。

此外，为沟通各方消息，加强立信同仁、同学之间的联系，切磋学术和敦睦友谊，各地立信同学会先后曾有《友讯》《立信校友通讯》《立信通讯》《立信会计通讯》《力行》《立信校友会报》等刊物出版。如《立信通讯》由重庆立信同学会创办于1942年。

(四)《会计学报》(立信会计学会)

《会计学报》英文名称为 Quarterly Journal of Accounting，是会计专业刊物，由立信会计学会发行，王季昌任主编，张明荣任编辑，甘允寿任发行人，为季刊。

1936年6月，《会计学报》第一卷第一期发行，称秋季号，潘序伦为之作序，并另提供文章"单位成本之意义及其重要"。1936年11月出版第一卷第二期，是为冬季号，此后的第一卷第三期、第四期分别为春季号、夏季号，均由立信会计学会编辑（图11-7）。

图11-6　《立信校刊》

《会计学报》研究会计原理，讨论会计实务，拟定各种会计制度，供各业参考，交流会计服务经验，帮助从业人员了解会计业发展趋势，发表有关的论述和报告等。潘序伦为该刊撰写"会计学报序"，指出"会计制度之调查、会计理论之探讨与介绍"都是非常重要的。该刊撰稿人除潘序伦外，还有周成勋、李鸿寿、施仁夫、庞其康等，栏目涉及名词浅析、资料、通闻、附录等。

《会计学报》刊文解析了"资本主义""卡推尔"（即卡特尔）、"辛狄开脱"（即辛迪加）等专有名词；讨论了"什么是科学管理法"

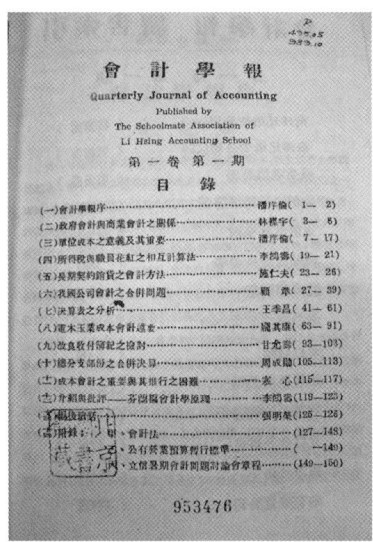 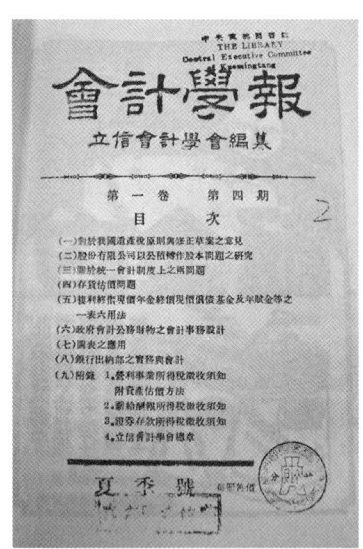

图 11-7 《会计学报》第一期、第四期（收藏于上海立信会计金融学院松江校区图书馆）

"政府会计与商业会计之关系""对于我国遗产税原则与修正草案之意见"等问题；还对"存货估价问题""关于自由职业者的纳税问题""所得税中之折旧问题"等作了说明。

1937年5月，《会计学报》发行4期而终。

（五）《会计通讯》—《上海会计》—《新会计》

1979年，上海市会计学会成立，并创办《会计通讯》（季刊），潘序伦被聘为顾问。1979年4月15日出版创刊号。1980年改双月刊。1981年，《会计通讯》更名为《上海会计》（Shanghai Accounting），为月刊，当年共出10期。至1988年8月，该月刊出满100期。

1992年，《上海会计》入选北京大学图书馆《中文核心期刊要目总览》的会计类核心刊物，1996年、2000年继续入选。

2004年，上海市新闻出版局根据上级文件①精神，决定《上海会计》杂志停止出版，当年1~6月共出6期。

由于《上海会计》是上海唯一的一份全市性会计专业杂志，为有利于开展会计学术交流以及繁荣会计事业的发展，上海市会计学会研究决定，以出版连续型内部资料方式继续出版《上海会计》，同时积极创造条件尽早申请复刊。

图 11-8　《上海会计》《新会计》封面

2009年，《新会计》（Modern Accounting）创刊，面向国内外公开发行，为月刊。《上海会计》编辑部的全部资源（含尚未发表的来稿）转入《新会计》。因此，《新会计》实际上接续了《上海会计》。

---

① 2003年7月15日,中共中央办公厅、国务院办公厅印发《关于进一步治理党政部门报刊散滥和利用职权发行,减轻基层和农民负担的通知》(中办发〔2003〕19号)。

(六) 从《立信学刊》到《会计与经济研究》

1987年2月,由潘序伦倡议复校的立信会计专科学校成立经济研究所,并由该所筹办《立信学刊》,1998年得到上海市新闻出版局核准(沪期字第066号),为季刊。学校创办《立信学刊》,意在延续立信办刊传统,但刊名并未沿用立信任何旧有刊名,卷号也并无接续。该刊至1998年年底共出版47期。

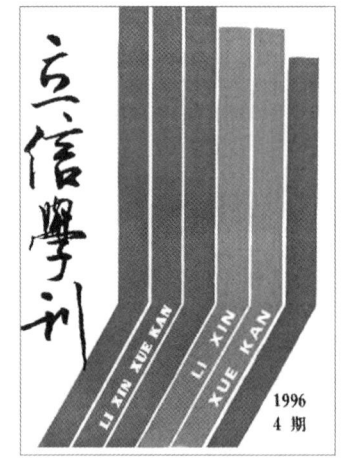 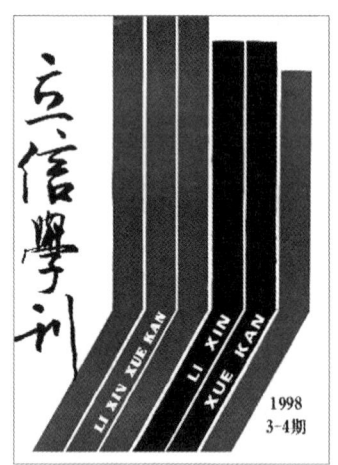

图11-9 《立信学刊》封面

1998年9月14日,经当时国家新闻出版署批准(新出期〔1998〕1089号),《立信学刊》自1999年第1期起更名为《立信会计高等专科学校学报》(*Journal of Lixin Accounting Institute*),由立信会计高等专科学校主办,面向国内外公开发行。刊物自本次更名开始启用卷号,并从1987年《立信学刊》创办起算,1999年刊为第 13 卷。

因主办单位更名，经上海市新闻出版局批准（沪新出报〔2004〕131 号），《立信会计高等专科学校学报》自 2003 年第 17 卷第 4 期起更名为《上海立信会计学院学报》（Journal of Shanghai Lixin University of Commerce），由上海立信会计学院主办。2005 年 1 月，《上海立信会计学院学报》改为双月刊。

2008 年，《上海立信会计学院学报》首次入选北京大学图书馆《中文核心期刊要目总览》，2011 年版继续入选。

2012 年第 26 卷第 1 期起，《上海立信会计学院学报》更名为《会计与经济研究》（Accounting and Economics Research），开始由"大学学报"向学术期刊转型，主管单位、主办单位、刊期等均保持不变。

图 11-10 《上海立信会计学院学报》《会计与经济研究》封面

《会计与经济研究》连续入选2014年、2017年、2020年版《中文核心期刊要目总览》。2017年入选南京大学中国社会科学研究评价中心《中文社会科学引文索引（CSSCI）》来源期刊（扩展版），此后，连续入选《中文社会科学引文索引（CSSCI）》2019—2020年、2021—2022年来源期刊。

第十二章

潘序伦主要作品沿革图

潘序伦的作品数量众多、内容广泛。一方面，为适应不同类型、不同层次读者之需要，一个主题之下往往会编辑"高级""初级"等不同版本的作品，分别出版发行。另一方面，同一作品也会根据理论研究成果、实务经验和最新法令要求进行多次修订，形成不同的版次和印次（早期未严格区分版次和印次）。这多多少少会给相关研究人员带来困惑。因此，本书编者将前文所涉潘序伦编著（译）主要作品分为簿记、会计学、公司会计和会计制度、成本会计、审计学、期刊六个系列，分别制作沿革图，以提示各主要作品之间的关联、承继关系，方便读者快速、全面了解潘序伦主要作品的发展变化情况及相互关系。

第十二章 潘序伦主要作品沿革图

一、簿记

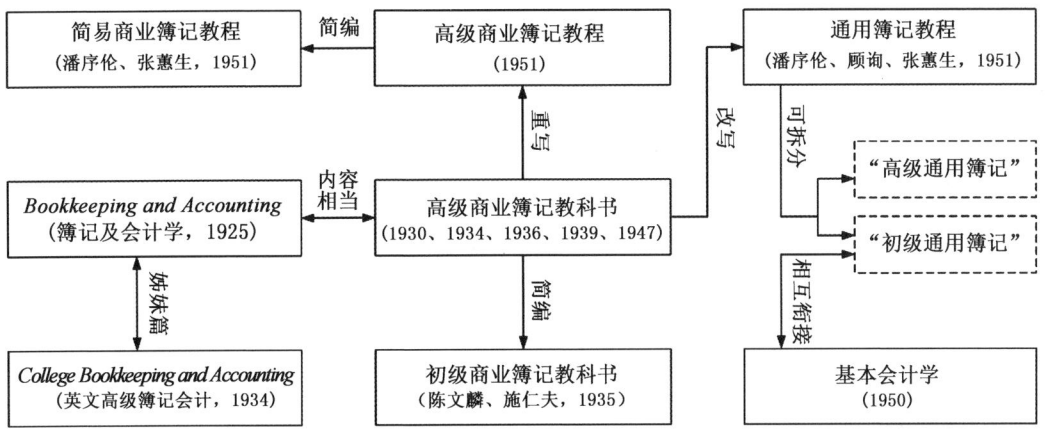

二、会计学

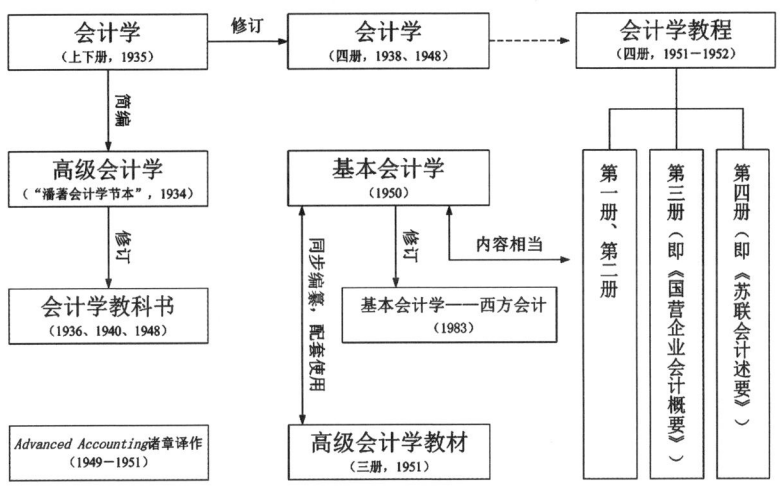

三、公司会计和会计制度

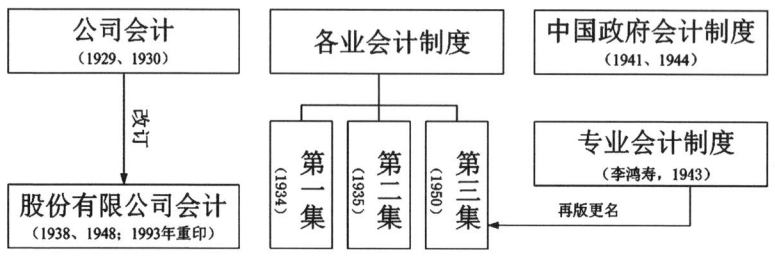

四、成本会计

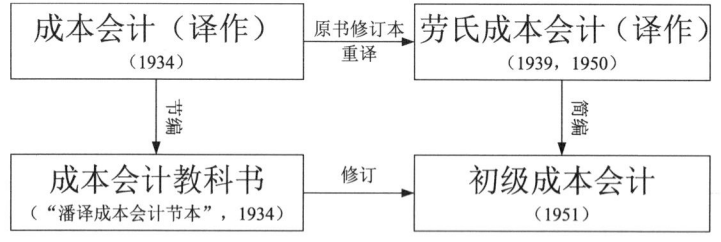

五、审计学

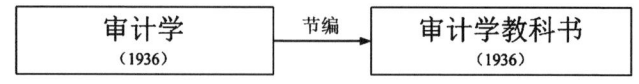

六、相关期刊

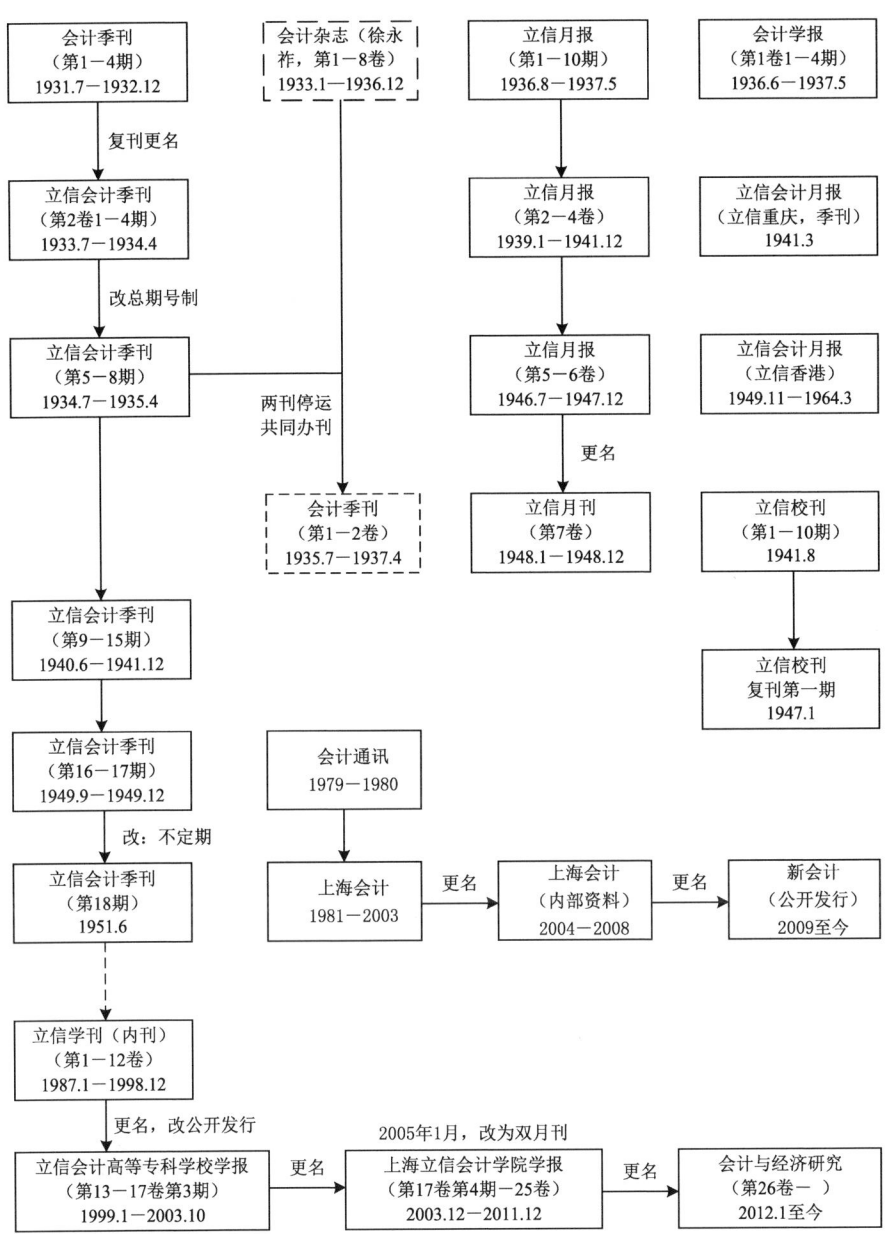

第十三章

潘序伦著述年表

潘序伦著述年表以上海立信会计金融学院图书馆潘序伦先生著作陈列室藏品为基础,结合多家图书馆馆藏书目数据库、电子全文数据库整理而成。

一、潘序伦著、编、译图书

年表说明:

1. 图书按出版年份为序。以分册出版之图书,一般均视为一种图书,并按其中最后出版一册计其出版时间,如《审计学》(上下册)。

2. 潘序伦单独著、编、译的著述,不予著录作者信息以节省版面;与他人合作著述者,其作者信息列于"备注"栏。

3. 经多次修订之图书,如题名未更改,一般按同书对待,不再单列,只在首版时说明后续修订情况,如《高级商业簿记教科书》;如果题名发生更改,则视为新书,列举于首次使用新题名的年份,并在原书"备注"栏说明更名情况,如《公司会计》与《股份有限公司会计》。

表 13-1　潘序伦著、编、译图书

书名	出版者	年份	备注
The Trade of the United States with China	China Trade Bureau，Inc.	1924	潘序伦博士学位论文（英文），中文译名原习用"中美贸易论"，立信会计出版社2013年以"美国对华贸易史（1784—1923）"为题名出版其中文译本
Bookkeeping and Accounting	商务印书馆	1926	英文著作，封面印有中文译名"簿记及会计学"
Corporation Finance	商务印书馆	1928	英文著作，封面印有中文译名"公司财政"
会计师业概况：研究职业分析之一	中华职业教育社	1928	书末附《会计师秘访诀》一文
公司会计	商务印书馆	1929	潘序伦编，王澹如助编，顾询校阅。1931年改订；1938年修订时更名为《股份有限公司会计》，并在书名后加"（原名公司会计）"字样
高级商业簿记教科书	商务印书馆	1930	内容与1926年英文版 Bookkeeping and Accounting 相同。该书配套之习题详解、习题附属文件同时出版。该书于1934年、1936年、1939年、1947年共四次修订。其中1947年第四次修订本由顾询、王成杰执笔完成，但二人未署名
劳氏成本会计	商务印书馆	1930	（美）W. B. Lawrence 著，潘序伦译；封面页标注"原名 Practice Set for Use with Cost Accounting"
政府会计	商务印书馆	1933	潘序伦、王澹如著
College Bookkeeping and Accounting	立信书局	1934	英文著作，封面、版权页印有中文译名"英文高级簿记会计"
"改良中式簿记"之讨论	商务印书馆	1934	潘序伦编辑并作序言。收有关改良中式簿记的讨论文章6篇，含潘序伦论文1篇

(续表)

书名	出版者	年份	备注
成本会计	商务印书馆	1934	潘序伦据 W. B. Lawrence 所著 Cost Accounting 之 1930 年第一次修订本译；后于 1939 年、1950 年分别根据原书 1936 年第二次修订本、1946 年第三次修订本改译为《劳氏成本会计》
成本会计教科书	商务印书馆	1934	加"潘译成本会计节本"字样
高级会计学（一名潘著会计学节本）	商务印书馆	1934	潘序伦、王澹如著；另编习题详解。1935 年修订后更名为《会计学教科书》
会计名辞汇译	商务印书馆	1934	潘序伦编著，黄组方助编；1938 年改订本署名"潘序伦、顾准编著"；1941 年第三次改订本署名"潘序伦编著"
劳氏成本会计习题	商务印书馆	1934	（美）W. B. Lawrence 著，潘序伦译；后于 1939 年改译
劳氏成本会计习题详解	商务印书馆	1934	（美）W. B. Lawrence 著，施仁夫、唐文瑞译；后于 1939 年（夏治浚）、1950 年（潘序伦、萧克木）改译
初级商业簿记教科书	商务印书馆	1935	陈文麟、施仁夫编，潘序伦校订、定名并作序；后于 1951 年修订
各业会计制度（第一集）	立信书局	1934	潘序伦组织编写，共收 9 篇论文
各业会计制度（第二集）	商务印书馆	1935	潘序伦组织编写，收 10 篇论文，含潘序伦著《学校成本会计》
会计学	商务印书馆	1935	上下册。后于 1938 年、1948 年修订（均为 4 册）
审计学教科书	商务印书馆	1935	潘序伦、顾询著
银行会计学教科书	商务印书馆	1935	顾准编，潘序伦审核

(续表)

书名	出版者	年份	备注
公司登记规则	商务印书馆	1936	潘序伦编著，王云五、徐百齐主编
会计问题（下）	商务印书馆	1936	施仁夫、唐文瑞、潘序伦著
会计学教科书（原名高级会计学）	商务印书馆	1936	潘序伦、王澹如著；后于1940年、1948年修订
审计学	商务印书馆	1936	上下册；潘序伦、顾询著
审计学教科书	商务印书馆	1936	潘序伦、顾询著
所得税原理及实务	商务印书馆	1937	潘序伦、李文杰著
股份有限公司会计（原名公司会计）	商务印书馆	1938	系1929年潘序伦、王澹如《公司会计》修订而成，王澹如未署名；1947年9月修订为《股份有限公司会计》（上下册）
中国政府会计制度	商务印书馆	1941	潘序伦、顾准编著
政府会计审计法规	立信会计图书用品社	1943	立信会计师事务所编辑，潘序伦任发行人
成本生产量及生产之关系及计算方法	立信会计图书用品社	1949	（美）W. A. Paton著，潘序伦译
存货之管理与计价	立信会计图书用品社	1949	（美）W. A. Paton著，潘序伦、萧克木译
公司会计准则绪论（一名会计学精义）	立信会计图书用品社	1949	（美）W. A. Paton、（美）A. C. Littleton著，潘序伦译
合并决算表	立信会计图书用品社	1949	（美）W. A. Paton著，潘序伦译
会计师查核决算表之原则与程序	立信会计图书用品社	1949	据美国会计师公会1936年原刊并照该会历年审计程序公报修正，潘序伦译

(续表)

书名	出版者	年份	备注
决算表之编制	立信会计图书用品社	1949	（美）W. A. Paton 著，潘序伦、张蕙生译
决算表之分析及解释	立信会计图书用品社	1949	（美）W. A. Paton 著，潘序伦译
收益之决定	立信会计图书用品社	1949	（美）W. A. Paton 著，潘序伦译
无形资产	立信会计图书用品社	1949	（美）W. A. Paton 著，潘序伦译
初级成本会计	立信会计图书用品社	1950	
基本会计学	立信会计图书用品社	1950	潘序伦、王澹如著，张蕙生编辑配套习题、欧阳锐铃完成习题详解；立信会计图书用品社 1988 年修订为《基本会计学——西方会计》
高级会计学教材	立信会计图书用品社	1951	第一分册：会计循环及决算表 第二分册：固定资产 第三分册：流动资产及其他资产
高级商业簿记教程	立信会计图书用品社	1951	潘序伦编著；张蕙生编集各章习题，潘志琴作习题详解
国营企业会计概要	立信会计图书用品社	1951	即会计学教程（第三册）；潘序伦、俞文青编；后于 1952 年修订
简易商业簿记教程	立信会计图书用品社	1951	潘序伦、张蕙生编；附习题（潘志琴）
通用簿记教程	立信会计图书用品社	1951	上下册，潘序伦、张蕙生、顾询编著
会计学教程（第一、第二册）	立信会计图书用品社	1952	

(续表)

书名	出版者	年份	备注
苏联会计述要	立信会计图书用品社	1952	即会计学教程（第四册）；潘序伦、徐可南编
潘序伦回忆录	中国财政经济出版社	1986	潘序伦著，《财务与会计》编辑部编
基本会计学——西方会计	立信会计图书用品社	1988	1950年《基本会计学》之修订版；潘序伦、王澹如著
潘序伦文集	立信会计出版社	2008	潘序伦著，上海立信会计学院组织编辑
美国对华贸易史（1784—1923）	立信会计出版社	2013	潘序伦博士学位论文 The Trade of the United States with China 之中译本；李湖生译

二、潘序伦发表报刊文章

年表说明：

1. 文章按"刊发时间＋题名＋刊名"为序；同一论文多刊发表者，各自分列，以便读者查检、索取原文。

2. 同一论文在同一刊物以连载形式发表者，原则上合并为一个条目；若各篇题目不同，则各自列示。

3. 潘序伦单独发表的文章，不再著录作者信息以节省版面；与他人合作完成者，其作者信息列于"备注"栏。由演讲稿整理而成的文章，演讲者、记录者分别用"（讲）""（记）"。

表 13-2　潘序伦发表报刊文章

题名	刊物	年份	卷(期):页码	备注
说鬼神(戊申二月)	浦东中学校杂志	1908	(1):12-14	
北部六省略表(己酉十月)	浦东中学校杂志	1910	(2):6	潘序伦、钟尔泰、黄振秀
俱乐部记(己酉上学期)	浦东中学校杂志	1910	(2):24-25	
苗中汉裔记(己酉上学期)	浦东中学校杂志	1910	(2):20-21	
书方忠文溪渔子伟后(戊申下学期)	浦东中学校杂志	1910	(2):19-20	原作"潘序岭",疑为"潘序伦"笔误
书王阳明象祠记后(己酉上学期)	浦东中学校杂志	1910	(2):28-29	
顺天府非中央政府说(己酉上学期)	浦东中学校杂志	1910	(2):23-24	
说国与朝之分(己酉上学期)	浦东中学校杂志	1910	(2):30-31	
四民士为首说(戊申七月)	浦东中学校杂志	1910	(2):19-20	原作"潘序岭",疑为"潘序伦"笔误
沿江要害说(己酉上学期)	浦东中学校杂志	1910	(2):29	原作"潘序岭",疑为"潘序伦"笔误
知非(己酉下学期)	浦东中学校杂志	1910	(2):31	

(续表)

题名	刊物	年份	卷(期):页码	备注
The Construction of a General Price Index Number for China	美国哈佛大学	1922		潘序伦硕士学位论文或其主体,仅存目
Trade between America and China-Past, Present and Future	The China Weekly Review(密勒氏评论报)(上海 1917)	1924	1924-03-15, 28(3):78-80	
The Trade Between China and America-the Future, Present and the Past	The China Weekly Review(密勒氏评论报)(上海 1917)	1924	1924-03-22, 28(4):116, 118,120	
China's Silk Trade with America	The China Weekly Review(密勒氏评论报)(上海 1917)	1924	1924-08-02, 29(9): 296, 298,300,302-304	
Chinese vs Japanese Silk and the US vs the European Market	The China Weekly Review(密勒氏评论报)(上海 1917)	1924	1924-08-09, 29(10): 327-329	
The Decline of China's Tea Trade with America(1)	The China Weekly Review(密勒氏评论报)(上海 1917)	1924	1924-08-23, 29(12):402, 404,406,408	

(续表)

题名	刊物	年份	卷(期):页码	备注
The Decline of China's Tea Trade with America (2)	The China Weekly Review(密勒氏评论报)(上海 1917)	1924	1924-08-30, 29(13):434, 436,450-451	
American-Chinese Trade Analysed and Forecasted (1)	The China Weekly Review(密勒氏评论报)(上海 1917)	1924	1924-09-06, 30(1):12,14	
American-Chinese Trade Analysed and Forecasted (2)	The China Weekly Review(密勒氏评论报)(上海 1917)	1924	1924-09-13, 30(2):48,50,52	
参观不列颠帝国博览会记	东方杂志	1924	21(19):44-79	周厚枢、唐启宇、张宗成、潘序伦
近来中国之高等商业教育	教育与人生(申报馆) 1924-12-1	1924	2(59):803	
改造暨南学校商科大学旧制高中计划书	暨南周刊	1925	1925(3):9-17	
国民生计问题的根本解决	生活(上海 1925B)	1925	(1925 年 1-52 汇刊):102-113	
柯潘黄赖四同学追悼会哀辞	暨南周刊	1925	1925(追悼号):5-6	

(续表)

题名	刊物	年份	卷(期):页码	备注
我国储蓄事业	申报	1925	1925-12-25(20)	
中国关税管理问题——在经济学会所演讲稿	南洋周刊(上海1919)	1925	7(6):9-15	潘序伦(讲),华立(记)
《会计学杂志》发刊词	会计学杂志	1926	1926(创刊号):4-5	
《经济汇报》弁言	经济汇报	1926	3(2):5	原题:弁言
对于中交两行发行十进辅币券之意见	上海总商会月报	1926	6(12):1-5	
商业上应向官厅注册之事项与不注册之危险	商业杂志(上海1926)	1926	1(2):1-7	
输入超过与经济侵略	太平导报	1926	1(44/45):29-35	
中国关税问题之沿革及解决法	中国季刊	1926	1(2):137-142	潘序伦(讲),殷寿光、葛益栋(记)
对于减租运动之意见	钱业月报	1927	7(4):14-20	
对于上海中交两行发行十进辅币券之意见	银行杂志	1927	4(5):46-50	
公司股东选举问题之争议	银行杂志	1927	4(8/9合刊):60-61	
会计师查账之应用	会计学杂志	1927	2(1):8-11	
经济公开运动说明书	会计学杂志	1927	2(1):120-123	
经济公开运动说明书	商业杂志(上海1926)	1927	2(6):1-4	

(续表)

题名	刊物	年份	卷(期):页码	备注
经济公开运动说明书	太平导报	1927	2(5):32-35	
我国银行经济公开之必要及办法	商业杂志(上海1926)	1927	2(11):1-4	潘序伦(讲),吴莲生(记)
我国银行经济公开之必要及办法	上海总商会月报	1927	7(10):1-4	潘序伦(讲),吴莲生(记)
有限公司经济公开之及办法	商业杂志(上海1926)	1927	2(7):1-7	潘序伦(讲),章启宇(记)
有限公司经济公开之及办法(上、下)	银行周报	1927	11(28):36-39;11(29):46-49	潘序伦(讲),章启宇(记)
政府处置劳资争端之方法	纺织时报	1927	(399):403-404;(400):407-408	
政府处置劳资争端之方法	钱业月报	1927	7(4):20-33	
政府处置劳资争端之方法	上海总商会月报	1927	7(4):1-8	
政府处置劳资争端之方法	银行杂志	1927	4(13):32-39	
政府处置劳资争端之方法	银行周报	1927	11(12):24-30	
中国国外贸易之不振及其原因	商业杂志(上海1926)	1927	2(1):1-4	
《会计学报》序	会计学报(暨南大学)	1928	(1):9	原题《会计师潘序伦先生序》
工商法规委员会提出(分担无限公司条文草案)原案	银行周报	1928	12(41):14-15	徐寄顾、方椒伯、潘序伦、宋沉提议

(续表)

题名	刊物	年份	卷(期):页码	备注
关于分担无限公司条文草案之我见：附潘序伦先生之分担无限公司条文草案及说明	银行周报	1928	12(41):32-37	
会计师秘诀	生活(上海1925A)	1928	3(21):227-230	
会计师职业与信用制度之关系	经济汇报	1928	4(1):17-18	
会计师资格应否限于党员问题	会计学报	1928	(创刊号):205-208	
论我国公司条例中应增设股份无限公司之规定	国货评论刊	1928	2(7):25-28	
论我国公司条例中应增设股份无限公司之规定	银行周报	1928	12(38):54-56	
请政府筹备于三年内裁撤一切不合原理各税改征累进所得税及遗产税案	全国经济会议专刊(商务印书馆)	1928		潘序伦、徐永祚
修改现行注册办法之我见	商业杂志(上海1926)	1928	3(6):1-5	
修正公司条例草案(一)	银行周报	1928	12(17):28-36	
修正公司条例草案(二)	银行周报	1928	12(18):46-49	
修正公司条例草案(三)	银行周报	1928	12(19):46-49	
修正公司条例草案(四)	银行周报	1928	12(20):48-53	
修正公司条例草案(五)	银行周报	1928	12(21):46-50	
修正公司条例草案(六)	银行周报	1928	12(22):52-56	

(续表)

题名	刊物	年份	卷(期):页码	备注
修正公司条例草案(七)	银行周报	1928	12(23):38-41	
修正公司条例草案(八)	银行周报	1928	12(24):40-44	
修正公司条例草案(九)	银行周报	1928	12(25):42-46	
修正公司条例草案(十)	银行周报	1928	12(26):46-51	
中国之会计师职业	会计学报	1928	(创刊号):227-238	
中国之会计师职业	银行周报	1928	12(9):42-44;12(10):42-46	
对于工厂法草案规定盈余分配的意见	潮梅商会联合会半月刊	1929	1(3/4):95-110	潘序伦(讲),王澹如(记)
对于工厂法草案规定盈余分配的意见	银行周报社	1929	1928.11	潘序伦(讲),王澹如(记)
分担无限公司问题(上、下):为分担无限公司进一解	银行周报	1929	13(14):34-39;13(16):42-44	
极公平透彻而有味	生活(上海1925A)	1929	4(23):249-251	小品文
论分担无限公司之组织及其商业上之需要(附分担无限公司条文草案及说明)	商业杂志(上海1926)	1929	4(4):1-7	
潘序伦会员请纠正戴继恩会计师兼用律师名义行使职务函	上海中华民国会计师公会年报	1929	(3):71-72	
潘序伦对于新公司法之主张(在立法院陈述分担无限公司之必要)	钱业月报	1929	9(3):10-12	

(续表)

题名	刊物	年份	卷(期):页码	备注
潘序伦先生之分担无限公司条文草案及说明	潮梅商会联合会半月刊	1929	1(2):12-18	
潘序伦先生之分担无限公司条文草案及说明	钱业月报	1929	9(4):23-32	
王志莘潘序伦二君发起思源泉助学基金宣言,函聘总经理为基金董事	海光(上海1929)	1929	1(12):5-9	王莘华、潘序伦
王志莘潘序伦发起募集思源助学基金宣言	国立浙江大学校刊	1930	(21):278	王莘华、潘序伦
校务概况:第五学年账目已由潘序伦审核	大夏周报	1930	(77):81	
修改现行商标法之意见	工商半月刊	1930	2(6):36-42	
有限公司会计公开问题	经济学季刊	1930	1(1):24-28	
从职业补习教育说到本校(立信会计学校)	会计季刊(立信会计学校同学会)	1931	(2):1-4	
立信会计学校之教学方法	立信会计专修学校同学会会刊	1931	(1):1	
潘会员序伦复函	上海会计师公会会刊	1931	(13):8-9;(14):2	
求学与任职合而为一	生活(上海1925A)	1931	6(8):173-174	
营业税的征收与资本额的计算	经济学季刊	1931	2(2):30-40	

(续表)

题名	刊物	年份	卷(期):页码	备注
营业税的征收与资本额之计算	会计季刊(立信会计学校同学会)	1931	(1):1-11	
贝潘两会员以大学生救国联会账目延不交查请核议函	上海会计师公会会刊	1932	1932(24/25/26/27):31-33	贝祖翼、潘序伦
管理中英庚款董事会之表册——第一表：资产负债总表(中华民国二十一年六月三十日)	管理中英庚款董事会年刊	1932	1932.6:257	潘序伦、许敦楷
检查保安队各团营所十八年度经临费节余款项及垫支各款之报告书	浙江保安月刊	1932	(12/13):82	潘序伦、魏颂唐
立信会计师事务所概况	立信会计师事务所五周年纪念刊	1932	1932.7	
《立信会计季刊》弁言	立信会计季刊(立信会计学校同学会)	1933	2(1):1	
查账报告书举例(二)	立信会计季刊(立信会计师事务所)	1933	2(2):309-328	立信会计师事务所计核科同仁
查账标准程序之拟定	立信会计季刊(立信会计师事务所)	1933	2(1):41-82	

(续表)

题名	刊物	年份	卷(期):页码	备注
电政会计之亟待改革	交通杂志	1933	2(1):77-79	
工厂材料之管理与会计	立信会计季刊（立信会计师事务所）	1933	2(2):219-283	大分部分内容译自 W. B. Lawrence 所著 Cost Accounting 之第 8、第 9、第 10 章
会计名辞之商榷	国立上海商学院院务半月刊	1933	1933(5):82-83	潘序伦(讲)，雷平一(记)
会计学发达史	立信会计季刊（立信会计师事务所）	1933	2(1):123-138	
会计职业之准备	暨南校刊	1933	(81):6-8	潘序伦(讲)，郭盛尊(记)
我国公司会计中股本账户之研究	立信会计季刊（立信会计师事务所）	1933	2(2):25-56	
我国会计师职业及其对于发展工商业之任务	复兴月刊	1933	1(5):96-105	
中国之会计师职业	立信会计季刊（立信会计师事务所）	1933	2(1):1-40	
存货估价问题	立信会计季刊（立信会计师事务所）	1934	2(3):1-28	

(续表)

题名	刊物	年份	卷(期):页码	备注
对于徐永祚氏改良中式簿记方式之批评	商学期刊(上海)	1934	(8):1-3	潘序伦(讲),吴菊初(记)
改良工厂会计简法	机联会刊	1934	(86):18,20,22,24,26,28,30	
改良工厂会计经验	长城	1934	1(4):65-66	潘序伦(讲),李植圻(记)
改良工厂会计经验谈——转载中国工商管理协会演讲记录	同舟	1934	2(7):2-6	潘序伦(讲),李植圻(记)
合并资产负债决算表之编制	立信会计季刊(立信会计师事务所)	1934	(5):73-113	部分译自 H. A. Finney 之 *Consolidated Balance Sheet and Principles of Accounting*
会计名辞之研究——在复旦大学商学院会计系会计名词讨论会会上的讲话	会计期刊	1934	(创刊号):1-4	潘序伦(讲),王士企(记)
会计名辞汇译	国书展望	1934	1936(10)	潘序伦、黄组方
会计名辞汇译	立信会计季刊(立信会计师事务所)	1934	2(3):303-369;2(4):247-355	潘序伦、黄组方
会计之效用(商务印书馆发行所训练班演讲录之四)	同舟	1934	2(11):5-7	潘序伦(讲),徐鼎(记)

(续表)

题名	刊物	年份	卷(期):页码	备注
自述	海光(上海1929)	1934	6(10):18-22;6(11):6-9	
自述	教育与职业	1934	(160):69-704	
潘著《会计学》叙言	立信会计季刊（立信会计师事务所）	1934	(6):349-352	潘序伦1935年版《会计学》（上下册）之序
清算会计	立信会计季刊（立信会计师事务所）	1934	2(4):1-51	
为讨论"改良中式簿记"致徐永祚君书	国风半月刊(南京)	1934	4(4):23-27	
为讨论"改良中式簿记"致徐永祚君书	立信会计季刊（立信会计师事务所）	1934	2(4):203-212	
为讨论"改良中式簿记"致徐永祚君书	银行周报	1934	18(3):10-13	
徐永祚"改良中式簿记"之商榷——为讨论"改良中式簿记"致徐永祚君书	经济学月刊	1934	1(3):116-123	
学校成本会计述要——1934年7月22日在浙江教育厅附属机关会计人员讲习所的演讲	立信会计季刊（立信会计师事务所）	1934	(7):1-28	潘序伦(讲)，施仁夫(记)

(续表)

题名	刊物	年份	卷(期):页码	备注
学校成本会计述要	浙江教育行政周刊	1934	6(14):5-20	1934年7月22日在浙江省教育机关会计人员暑期训练班的演讲;潘序伦(讲),施仁夫(记)
中国会计师业的过去与今后－中国会计师职业概况	新中华杂志(1933)	1934	2(1):145-154	
《初级商业簿记教科书》序	《初级商业簿记教科书》	1935		原书作者陈文麟、施仁夫
对于改良中式簿记之批评	商学丛刊(大夏大学)	1935	1935(创刊号):49-53	潘序伦(讲),向邦权(记)
会计职业指导	教育与职业(中华职业教育社)	1935	(161):35-38	潘序伦(讲),甬人(记)
自述	国讯	1935	(90):560-561;(91):580-581;(92):600-601	
求学经过的自述	立信会计季刊(立信会计师事务所)	1935	(7):347-359	
求学与执业的自述	长城	1935	3(2):31-34	
审核应收账款之原则及方法	立信会计季刊(立信会计师事务所)	1935	(8):1-33	

(续表)

题名	刊物	年份	卷(期):页码	备注
我国公司会计中几项法律问题	会计杂志	1935	6(4):4-33	
我国合伙会计中几项法律问题	经理月刊	1935	1(5):148-153	
学校成本会计	《各业会计制度(第二集)》	1935	商务印书馆1935年8月出版,第323-348页	据1934年7月22日演讲记录整理
怎样研究会计学(上、下)	商务印书馆出版周刊	1935	(新149):1-5;(新150):1-5	
中国会计学社概况	会计季刊(中华会计学社)	1935	1(1):297-298	
中国会计学社章程及成立经过	会计杂志	1935	5(1):140-141	
自述	约翰声	1935	(44):56-62	
《会计学报》序	会计学报(立信会计学会)	1936	1(1):4-5	
《立信月报》发刊辞	立信月报(立信会计师事务所)	1936	(1):1-2	
单位成本之意义及其重要(含附表)	会计学报(立信会计学会)	1936	1(1):10-20	
对于我国新颁布所得税法规之意见	会计学报	1936	1(2):1-13	
对于我国新颁布所得税法规之意见	立信月报(立信会计师事务所)	1936	1(4):1-6	

(续表)

题名	刊物	年份	卷(期):页码	备注
非常时期之会计问题	会计学报(立信会计学校同学会)	1936	1(2):4-16	
各工商厂号在所得税法施行前亟应有之准备	立信月报(立信会计师事务所)	1936	(4):13	
和解及破产会计概要	会计杂志	1936	7(1):6-25;7(2):34-65	
立信会计补习学校简史	立信月报(立信会计师事务所)	1936	(1):8-9	
潘序伦会员来函——以顾洵会员赴芜办理裕中纱厂清算一案被该厂工人包围拘禁请迅电营救由	上海会计师公会会刊	1936	(60):1	
清算及和解破产会计原理之研究	会计杂志	1936	8(1):18-40	
所得税的原理和实务	暨南校刊	1936	(187):1-3	潘序伦(讲),温之英(记)
通问:签订销货进货合同时应否记账	立信月报(立信会计师事务所)	1936	(2):11-12	
怎样研究会计学	绸缪月刊	1936	3(1):11-12	
中国现行所得税	上海青年(上海1902)	1936	36(37):4-5	潘序伦(讲),寇中(记)
中国现行所得税	圣公会报	1936	29(24):24-26	潘序伦(讲),寇中(记)
《所得税原理及实务》序	会计学报(立信会计学会)	1937	1(3):112-114	潘序伦、李文杰(均系原书作者)

(续表)

题名	刊物	年份	卷(期):页码	备注
本所创办立信会计专科学校缘起	立信月报(立信会计师事务所)	1937	(10):20	
本所附设会计补习学校创办日校缘起	立信月报(立信会计师事务所)	1937	1937.1(6):11-12	潘序伦、李鸿寿、甘允寿
本所纪略	立信月报(立信会计师事务所)	1937	(6):1	
本所十周纪念号序	立信月报(立信会计师事务所)	1937	1937.1(6):2	
非常时期之会计问题	文摘	1937	1(1):114-115	
告立信会计补习学校全体同学书	立信月报(立信会计师事务所)	1937	(10):20	
家庭预算的重要及方法	快乐家庭	1937	1(5):16-17	
建造发电厂工程账之研究	电业季刊	1937	7(2):27-36	
评金国宝著《遗产税》	商务印书馆出版周刊	1937	(新235号):13	
上海市商会所得税问题研究会议决案之总检讨	立信月报(立信会计师事务所)	1937	(7):1-10	1937年1月25日在上海市商会所得税实际问题研讨会上的演讲;潘序伦(讲),李文杰(记)
上海市商会所得税问题研究会议决案之总检讨(上、下)	银行周报	1937	21(5):18-23;21(6):12-17	潘序伦(讲),李文杰(记)

（续表）

题名	刊物	年份	卷(期):页码	备注
所得税与工商管理之关系	会计学报	1937	1(8)	1937年2月20日及21日在无锡及宜兴县商会的演讲
所得税与工商管理之关系	立信月报（立信会计师事务所）	1937	(8):6-7	1937年2月20日及21日在无锡及宜兴县商会的演讲
所得税中之营业资本问题	绸缪月刊	1937	3(10):24-34	
为我国所得税几个重要问题作答	会计学报	1937	1(9)	1937年3月8日在实业部纪念周演讲稿
为我国所得税几个重要问题作答	立信月报（立信会计师事务所）	1937	(8):1-5	1937年3月8日在实业部纪念周演讲稿
遗产税著述介绍——金国宝著《遗产税》	立信月报（立信会计师事务所）	1937	(9):8	
致财政部所得税事务处函（一）——陈述对于第一类营利事业所得税征收须知草案应行改正各意见	会计学报（立信会计学会）	1937	1(3):4-14	潘序伦等
致财政部所得税事务处函（二）——对于征收须知草案续陈应行补充改正各点	会计学报	1937	1(7)	潘序伦、李鸿寿、顾询等

(续表)

题名	刊物	年份	卷(期):页码	备注
致财政部所得税事务处函（一）——陈述对于第一类营利事业所得税征收须知草案应行改正各意见	立信月报（立信会计师事务所）	1937	(7):11-16	潘序伦等
致财政部所得税事务处函（二）——对于征收须知草案续陈应行补充改正各点	立信月报（立信会计师事务所）	1937	(7):17-21	潘序伦、李鸿寿、顾询等
中国现行所得税	广州青年（1931）	1937	24(3):3	
股份有限公司决算论	信托季刊	1938	3(1/2):13-44	
股份有限公司清算会计（一）	银行周报	1938	22(5):10-15	
股份有限公司清算会计（二）	银行周报	1938	22(6):8-18	
股份有限公司清算会计（三）	银行周报	1938	22(7):8-15	
股份有限公司清算会计（四）	银行周报	1938	22(8):8-18	
股份有限公司清算会计（五）	银行周报	1938	22(9):8-16	
商业簿记自修读本	自修	1938	(10):12-14;(11):11-13	甘允寿编撰，潘序伦审阅
我国会计职业及会计学之进展	益友半月刊	1938	(13):2	潘序伦(讲)，施振东(记)

243

(续表)

题名	刊物	年份	卷(期):页码	备注
《立信月报》复刊辞	立信月报	1939	2(1):1	
常用会计名词之改正及其说明	公信会计月刊	1939	1(6):157-161	潘序伦、顾准
常用会计名词之改正及其说明	会计通讯	1939	1(6):6-11	潘序伦、顾准
常用会计名词之改正及其说明	立信月报	1939	2(5):1-5	潘序伦、顾准
对战事损失意见	金融导报	1939	1(2):83-84	
国立编译馆拟定经济学名词初审本中与会计有关各名词之讨论	公信会计月刊	1939	2(6):203-211	潘序伦、顾准
国立编译馆拟定经济学名词初审本中与会计有关各名词之讨论	立信月报	1939	2(10):1-12	潘序伦、顾准
会计从业员应有的修养	益友	1939	2(4/5):18	
会计名称研究	商友	1939	(1):3-7	
开发西南之新机运	银钱界	1939	3(2):4	
论"战事损失"之处理办法并答奚玉书会计师	立信月报	1939	2(4):5-10	
青年会宿舍六年来之收支概况	上海青年(上海1902)	1939	39(1):14-15	
所得税之报缴与爱国心之表现	立信月报	1939	2(4):1	

(续表)

题名	刊物	年份	卷(期):页码	备注
我国会计学术与会计职业之回顾与前瞻	银行周报	1939	23(5):14-18	
我国会计学术之追溯	日用经济月刊	1939	1(10):289-290	
战时工商业办理决算问题：各业年终办理决算问题	商业月报	1939	19(1):3-6	
职业青年的业余生活	益友	1939	3(2):5	
本届决算后各企业应予考虑之增资问题	立信月报(立信会计师事务所、立信律师事务所)	1940	3(1):21-22	
编纂立信会计丛书之动机与经过	服务月刊(重庆)	1940	3(5/6):1-2	
各企业亟应考虑之增资问题	立信月报(立信会计师事务所、立信律师事务所)	1940	3(2):1-2	
工商业决算问题专号序言	立信月报(立信会计师事务所、立信律师事务所)	1940	3(1):1	
公库法实施后单位会计制度之改订问题	财政评论	1940	4(6):1-11	
股份有限公司盈余转作股本问题之研究	公信会计月刊	1940	4(2):59-61	
股份有限公司盈余转作股本问题之研究	立信月报(立信会计师事务所、立信律师事务所)	1940	3(2):7-9	

(续表)

题名	刊物	年份	卷(期):页码	备注
国立编译馆拟定经济学名词初审本中与会计有关各名词之讨论	服务(重庆)	1940	3(5/6):151-162	潘序伦、顾准
过分利得税税率问题	新闻报	1940	1942.3.2	
过分利得税税率问题	立信月报(立信会计师事务所、立信律师事务所)	1940	3(3):4-5	转自1940年3月2日《新闻报》
华南商业急速改进的一个征象	立信月报(立信会计师事务所、立信律师事务所)	1940	3(10):3	转自《香港商报》
华南工商界对于会计应有的认识	立信月报(立信会计师事务所、立信律师事务所)	1940	3(11)	1940年9月20日在香港青年会商科职业学校的演讲
华南工商界改良会计问题	立信月报(立信会计师事务所、立信律师事务所)	1940	3(12):10-11	1940年9月26日在香港广播电台的演讲
会计人才之出路	上海周报(上海1939)	1940	1(12):335	
会计学修习法	广大计政	1940	7(1):1-3	潘序伦(讲),何怡祥(记)
介绍公信通用新式账表	公信会计月刊	1940	3(5):172	

(续表)

题名	刊物	年份	卷(期):页码	备注
介绍公信通用新式账表	立信月报(立信会计师事务所、立信律师事务所)	1940	3(5):17	
介绍公信通用新式账表	申报经济专刊	1940	1940.4.15	
敬告国内有志于会计职业之青年	立信月报(立信会计师事务所、立信律师事务所)	1940	3(7):7-8	
立信三机构(会计专科学校、会计师事务所、会计补习学校)合办会计职业咨询所缘起	立信月报(立信会计师事务所、立信律师事务所)	1940	3(7):1	潘序伦等
为"自习会计"敬告职业界失学青年	立信月报(立信会计师事务所、立信律师事务所)	1940	3(11):6-9	本所编辑部
我国会计学术与会计职业之回顾与前瞻	服务(重庆)	1940	3(5/6):51-56	
我国会计学术与会计职业之回顾与前瞻	立信会计季刊(立信会计师事务所、立信会计专科学校)	1940	(9):1-9	
我国会计学术与会计职业之回顾与前瞻	正谊会计月刊	1940	1(1):20-21;(2):39;1(3):60-62	节录自立信会计季刊

(续表)

题名	刊物	年份	卷(期):页码	备注
我国新兴的会计职业	广大计政	1940	6(6):1-4	1940年9月14日的演讲；潘序伦（讲），梁矩章、高永康（记）
五金界：工商基本	五金界杂志	1940	(1):6	
一年来会计事业与会计学术之回顾	公信会计月刊	1940	3(1):6-7	
政府会计之组织及其种类	立信会计季刊（立信会计师事务所、立信会计专科学校）	1940	(11):15-22	潘序伦、顾准
《立信会计月报》发刊词	立信会计月报（重庆）	1941	1(1):1	
大学商学院及农法学院"会计学"教材纲要草案	立信会计月报（重庆）	1941	1(6):34-38	
对于现行所得税及过分利得税税率之意见	财政评论	1941	5(5):125-127	
对于现行所得税及过分利得税税率之意见	西南实业通讯	1941	3(1):3-4	
股份有限公司股利及分红之分派	立信会计月报（重庆）	1941	1(4):36-46	
股份有限公司增减资本问题	立信会计月报（重庆）	1941	1(3):24-35	
股份有限公司之决策及盈余分配	立信会计月报（重庆）	1941	1(1):25-43	

(续表)

题名	刊物	年份	卷(期):页码	备注
国立编译馆"会计学名词"之商榷	立信会计季刊(立信会计师事务所、立信会计专科学校)	1941	(13):1-16	潘序伦、黄组方
会计学修习法	立信月报	1941	4(3):10-12	潘序伦(讲),何怡祥(记)
论连环账谱	计学杂志	1941	1(1):3-8	
论连环账谱	立信会计月报(重庆)	1941	1(5):1-3	
陪都生活实录	江浙同乡会三周纪念刊	1941	99-100	
我国会计学术与会计职业之回顾与前瞻	立信会计月报(重庆)	1941	1(3):20-23	
我国新兴的会计职业	立信会计月报(重庆)	1941	1(1):44-46	潘序伦(讲),梁矩章、高永康(记)
我怎样会学成"会计"的	陆军经理杂志	1941	2(5):29-33	军需学校十期学员班学术讲演之一;潘序伦(讲),庞(记)亿
政策决算的利弊	本行通讯(中国农民银行)	1941	(11):24-27	1941年5月12日在中国农民银行纪念周的演讲;潘序伦(讲),徐杰伦(记)

(续表)

题名	刊物	年份	卷(期):页码	备注
政策决算的利弊	立信会计月报(重庆)	1941	1(5):39-40	1941年5月12日在中国农民银行纪念周的演讲;潘序伦(讲),徐杰伦(记)
政府会计之组织及其种类	立信会计月报(重庆)	1941	1(2):1-4	潘序伦、顾准
中华民国三十年度结账程序述要	立信月报	1941	4(12):1-4	
币值变动声中几个困难的会计问题(上)	立信会计月报(重庆)	1942	2(3):1-4,45	
币值变动下工商业会计新发生之困难问题	工商管理	1942	2(1):2-5	潘序伦(讲),钱让礼(记)
币值动变与会计	经济新闻	1942	(14):1-2	潘序伦(讲),吾祥(记)
当今会计人员对于国家应尽之职责	会计知识(福建省政府会计处)	1942	2(1)	在重庆广播电台对全国会计人员的演讲词
当前工商业财产估价和损益计算问题	经济汇报	1942	6(8):47-54	1940年9月16日中央银行经济讲座演讲词
工商业决算提存特别准备与纳税问题	西南实业通讯	1942	5(1):49	1942年1月9日第4次星五聚餐会演讲记录

(续表)

题名	刊物	年份	卷(期):页码	备注
工商业提存特别准备问题及其解决之经过	立信会计月报（重庆）	1942	2(1):11-14,56	
潘序伦先生发表之意见	西南实业通讯	1942	5(4):45-46	1942年4月10日第17次星五聚餐会演讲纪录；潘序伦(讲)、范资深(记)
工业资金与纳税问题	西南实业通讯	1942	5(5):47-50	1942年4月17日第18次星五聚餐会讨论记录；章乃器、潘序伦等
继续讨论"工业资金问题"	西南实业通讯	1942	5(5):50-52	1942年4月24日第19次星五聚餐会讨论记录；章乃器、潘序伦等
对于工业资金问题之意见	西南实业通讯	1942	6(1):44	1942年6月12日第26次星五聚餐会演讲记录；何北衡、章乃器、潘序伦等
商业会计条例之拟议	立信会计月报（重庆）	1942	2(2):26-31	

(续表)

题名	刊物	年份	卷(期):页码	备注
闲谈假账	会讯(重庆)	1942	(2):13	潘序伦(讲),项冲、徐日洪(记)
营利事业投资于其他营利事业所获利得之纳税问题	立信会计月报(重庆)	1942	2(2):1-2;2(4):7	
对于改订直接税各项税率之刍见	西南实业通讯	1943	7(2):3-5	
我国会计学术与教育之回顾与前瞻	立信会计月报(重庆)	1943	2(5):7-8	
吾国会计师事业概况	财政学报	1943	1(6):99-101	
吾国之会计师职业	立信会计月报(重庆)	1943	2(5):5-6	
怎样做一个会计师	社会服务	1943	(3):5	
资产增值问题	西南实业通讯	1943	8(6):25-26	1943年11月5日第96次星五聚餐会演讲记录
民主与胜利献言	宪政月刊	1944	(9):1-2	黄炎培、俞君韬、王云五、吴蕴初、潘仰山、潘序伦等
潘序伦先生意见	西南实业通讯	1944	10(1/2):30	1944年6月16日第127次星五聚餐会演讲记录;潘序伦(讲),杨慎予(记)

(续表)

题名	刊物	年份	卷(期):页码	备注
工业会计讲座(一)	工业月刊(西安)	1945	2(1):35-37	潘序伦(讲),余肇池(记)
工业会计讲座(二):第二章:工业会计科目	工业月刊(西安)	1945	2(4):19-21	潘序伦(讲),余肇池(记)
工业会计讲座(三):第三章:工业会计与成本会计	工业月刊(西安)	1945	2(5):23-25	潘序伦(讲),余肇池(记)
工业会计讲座(四):第四章,成本会计要义	工业月刊(西安)	1945	2(6):19-22	潘序伦(讲),余肇池(记)
工业会计讲座(五):第五章:分批成本会计制度	工业月刊(西安)	1945	2(7):35-38	潘序伦(讲),余肇池(记)
工业会计讲座续稿(续上期)	工业月刊(西安)	1945	2(8):29-33	潘序伦(讲),余肇池(记)
会计人员与"盐"	计人月刊	1945	2(2):5	
怎样做一个成功商人	时兆月报	1945	3(1):13-15	潘序伦(讲),徐杰伦(记)
怎样做一个成功商人	中美周报	1945	1945(133):16-17	潘序伦(讲),徐杰伦(记)
《立信月报》复刊辞	立信月报	1946	5(1):1	编辑部
假账问题	文化先锋	1946	5(14):3-8	1945年4月19日在中央文化运动委员会的演讲;潘序伦(讲)、余湛邦(记)
经次潘序伦谈挽救中国工业危机	征信所报	1946	(196):4	

(续表)

题名	刊物	年份	卷(期):页码	备注
迁沪复校后训育概述		1946		1946年制定
立信会计师事务所纪略	立信月报(立信会计师事务所、立信会计专科学校)	1947	6(4):1	编辑部
为专科职训班毕业纪念册序		1947	1947.12	
我国工商会计应有之改革	工商经济	1947	1(4):3-4	
我国工商会计应有之改革	立信月报(立信会计师事务所、立信会计专科学校)	1947	6(10):4-5	
在全国纺织工业生产会议上的致词	纺织染工程	1947	9(9):10	
在全国银行商业同业公会联合会成立大会上的讲话	银行周报	1947	31(44/45):10-12	代表王云五发言
《立信会计学校概况》序	《立信会计学校概况》	1948	1948.1	
私立立信会计专科学校董事会章程	载于《立信会计学校概况》	1948	1948.1	
币制改革在上海	西南实业通讯	1948	(17):33-34	1948年11月19日星五聚餐会演讲记录
改革币制后公私会计处理问题	现代会计	1948	(12):49	潘序伦、叶朝钧

(续表)

题名	刊物	年份	卷(期):页码	备注
会计学之新趋势——于立信会计专科学校之演讲词	工商经济	1948	2(2):2,4	潘序伦(讲),张戬(记)
会计学之新趋势——于立信会计专科学校之演讲词	立信月刊(立信会计师事务所)	1948	7(1):5-6	潘序伦(讲),张戬(记)
会计学之新趋势—于立信会计专科学校之演讲词	现实文摘	1948	1(11):16	潘序伦(讲),张戬(记)
潘序伦会计师答读者资源委员会潘宏博关于币制改革后公私会计处理问题问	现代会计	1948	(13):29,33,46,51	
成本与生产量及生产能量之关系及其计算方法	立信会计季刊(立信会计研究编译所)	1949	(17):235-266	译自 W. B. Lawrence 之 *Cost Accounting* 第三版第26章、第27章
存货计价论	立信会计季刊(立信会计研究编译所)	1949	(16):23-58	译自 W. A. Paton 之 *Advanced Accounting* 第6章
会计基本方程式和资产负债资本的意义	立信会计季刊(立信会计研究编译所)	1949	(17):71-83	
基圆会计——"等值货币"会计报表之编制	立信会计季刊(立信会计研究编译所)	1949	(16):1-22	译自 W. A. Paton 之 *Advanced Accounting* 第33章

(续表)

题名	刊物	年份	卷(期):页码	备注
论二十年来会计基本观念之进展		1949	1949.10.19	在立信会计专科学校的演讲
论收益之决定	立信会计季刊（立信会计研究编译所）	1949	(16):87-147	译自 W. A. Paton 之 *Advanced Accounting* 第 20 章、第 21 章
无形资产计价论	立信会计季刊（立信会计研究编译所）	1949	(17):107-150	译自 W. A. Paton 之 *Advanced Accounting* 第 18 章、第 19 章
潘序伦书寿王云五	大公报（香港）	1979	1979.8.30	
热烈庆祝国庆 30 周年	上海会计学会	1979	1979.10.1	在上海会计学会的讲话
上海市会计学会成立概况：上海市会计学会筹备委员会委员潘序伦同志讲话	会计通讯	1979	(1):35-36	
对马寅老生平的认识及点滴回忆——应北京大学经济系"马寅初生平研究组"之约	潘序伦文集	1980	上海:立信会计出版社:530-535	
立信会计学校的创办和发展	文史资料选辑第 29 辑（1980 年第一辑）	1980	上海:上海人民出版社	
我对马老的点滴回忆	文史通讯	1980	(3):20-22	

(续表)

题名	刊物	年份	卷(期):页码	备注
应开展"人才会计"的研究	文汇报	1980	1980.12.19(3)	
缅怀黄任之老师	社史资料选辑(中华职业教育社)	1980	(1):137	
中华职业学校是我办学的榜样	社史资料选辑(中华职业教育社)	1980	(1):149-150	
重视会计工作	解放日报	1980	1980.3.5(4)	
祝贺中国会计学会在成立会后第一年内所取得的巨大成就	会计通讯	1980	(5)	
潘序伦同志谈顾准	上海会计	1981	(2):47-48	
培养人才也要计成本	光明日报	1981	1981.4.2(2)	
应开展"人才会计"的研究	武汉财会(现财会月刊)	1981	(2):61,59	
应开展"人才会计"的研究	新华文摘	1981	(2):198-200	
关于当前会计工作的四点建设性意见	上海会计	1982	(6):8	在上海市会计学会第三次年会上的讲话
会计人员是经营管理的"参谋长"	世界经济导报	1982	1982.5.17(84)	潘序伦(谈话)、记者(整理)
立信会计在天津	天津日报	1982	1982.10.24(4)	
史学园地里的一朵新葩——读中国会计史稿(上册)后	上海会计	1982	(11):45,26	

(续表)

题名	刊物	年份	卷(期):页码	备注
创业散记	人物	1983	(6):65	
加强农业会计研究,做好农业会计工作	农业会计研究	1983	(1):4	
缅怀黄任之老师	中华职业教育社社会资料选辑(11)	1983	(1):137	
紧跟形势要求、提高财会人员素质	财会月刊	1983	1984(1):4-6	潘序伦、丁苏民
紧跟形势要求、提高财会人员素质	武汉财会	1983	1984(1)	潘序伦、丁苏民
立信复校后首届毕业生毕业典礼上的讲话	上海立信会计金融学院报	1983	2018.06.30(04)	1983年7月11日演讲
潘序伦回忆录——一、童年时代	财务与会计	1983	(1):35-37	
潘序伦回忆录——二、走了许多坎坷之路	财务与会计	1983	(2):26-28	
潘序伦回忆录——三、开始走上会计经济专业道路	财务与会计	1983	(3):30-31	
潘序伦回忆录——四、设立立信会计师事务所	财务与会计	1983	(4):30-31	
潘序伦回忆录——五、创办私立立信会计学校	财务与会计	1983	(5):38-40	
潘序伦回忆录——六、编辑出版立信会计丛书	财务与会计	1983	(6):35-36	
潘序伦回忆录——七、立信同学会	财务与会计	1983	(7):27-28	

(续表)

题名	刊物	年份	卷(期):页码	备注
潘序伦回忆录—八、涉足会计、经济官场	财务与会计	1983	(8):29-30	
潘序伦回忆录—九、接受社会主义思想的漫长过程	财务与会计	1983	(9):37-38	
潘序伦回忆录—十、取之于社会 用之于社会 取之于会计 用之于会计	财务与会计	1983	(11):39-40	
潘序伦回忆录—十一、发挥晚年"余热"	财务与会计	1983	(12):26-27	
求学经过的自述	商业会计	1983	(9):42	1935年旧作
谈顾准的《会计原理》	顾准再思录	1983	福州:福建教育出版社:260-261	潘序伦、李鸿寿
谈谈会计人员的职业道德	财务与会计	1983	(4):5-6	潘序伦、丁苏民
一个会计学家的自述	青年一代	1983	(1):14-24	
一个会计学家的自述	人物	1983	(5):111-116	
立信会计在重庆	重庆会计	1984	(8)	
向《广东财会》编辑部致祝愿——岭南会计学界同仁和我们上海同仁共同策励前进	广东财会	1984	(1)	
新技术革命向会计界提出的问题	《解放日报》未定文稿《新论》(88)	1984	1984-03-21	
一定要把《立信会计选辑》办好	立信会计选辑(知识出版社)	1984	(1):1-3	

(续表)

题名	刊物	年份	卷(期):页码	备注
求学经过的自述	立信会计选辑（知识出版社）	1984	(1):4-13	1935年旧作
会计工作者要促进改革	立信会计选辑（知识出版社）	1986	(4):1-2	潘序伦生前讲话
搞活经济和会计立法	财会通讯	1985	1985(11):67	转自《解放日报》
搞活经济和会计立法	广西会计	1985	1985(5):3	摘
搞活经济和会计立法	解放日报	1985	1985-04-24(4)	
搞活经济和会计立法	上海会计	1985	1985(6):47	摘
认真贯彻《会计法》，开创会计工作新局面	立信会计选辑（知识出版社）	1985	(3):1-2	
祝贺与希望——祝贺《安徽财会》创刊五周年	安徽财会	1985	1985(8)	
会计工作者要促进改革	立信会计选辑（知识出版社）	1986	(4):1-2	
我对马老的认识	文教材料	1986	(6):20-24	
立信会计学校的创办和发展	上海文史资料选辑	1988	上海：上海人民出版社：120-127	
立信会计学校的创办和发展	立信史话	1993	上海：立信会计出版社：3	
立信会计学校的创办和发展	20世纪上海文史资料文库（八）	1999	上海：上海书店出版社	
立信会计学校的创办和发展	上海立信会计金融学院报	2018	2018.03.25(04)	

参考文献

[1] 陈金勇,张东海.大西洋两岸会计研究述评——二十世纪上半叶会计在英语系国家的研究与成就[J].财会通讯,2013(19):112-115.

[2] 陈文麟,施仁夫.初级商业簿记教科书[M].上海:商务印书馆,1935.

[3] 劳伦斯.成本会计[M].潘序伦,译.上海:商务印书馆,1934.

[4] 劳伦斯.劳氏成本会计[M].潘序伦,译.上海:商务印书馆,1939.

[5] 李鸿寿.各业会计制度(第三集)[M].上海:立信会计图书用品社,1950.

[6] 李文杰.潘序伦博士创建立信会计事业[J].会计研究,1985(6):11-14.

[7] 李湖生.潘序伦会计教育思想概述[J].新会计,2015(7):15-17.

[8] 李湖生.潘序伦会计学教材特点初探[J].图书馆理论与实践,2014(2):80-83.

[9] 立信会计师事务所.编辑立信会计丛书之经过与现状[J].立信会计季刊,1934(6):253-268.

[10] 龙一圆.立信史话[M].上海:立信会计出版社,1993.

[11] 罗银胜.潘序伦传[M].上海:上海人民出版社,1997.

[12] 美国会计师公会.会计师查核决算表之原则与程序[M].潘序伦,译.上海:立信会计图书用品社,1949.

[13] 潘序伦.成本会计教科书(潘译成本会计节本)[M].上海:商务印书馆,1934.

[14] 潘序伦.高级商业簿记教程[M].上海:立信会计图书用品社,1951.

[15] 潘序伦.高级商业簿记教科书[M].上海:商务印书馆,1934/1936/1939/1947.

[16] 潘序伦.各业会计制度(第二集)[M].上海:商务印书馆,1935.

[17] 潘序伦.各业会计制度(第一集)[M].上海:商务印书馆,1934.

[18] 潘序伦.股份有限公司会计(原名公司会计)[M].上海:商务印书馆,1938.

[19] 潘序伦.会计名辞汇译[M].上海:商务印书馆,1941.

[20] 潘序伦.会计学[M].上海:商务印书馆,1938.

[21] 潘序伦.会计学教程(第二册)[M].上海:立信会计图书用品社,1952.

[22] 潘序伦.会计学教程(第一册)[M].上海:立信会计图书用品社,1952.

[23] 潘序伦.基本会计学[M].上海:立信会计图书用品社,1950.

[24] 潘序伦.美国对华贸易史 1784—1923[M].李湖生,译.上海:立信会计出版社,2013.

[25] 潘序伦.潘序伦回忆录[M].北京:中国财政经济出版社,1986.

[26] 潘序伦.潘序伦文集[M].上海:立信会计出版社,2008.

[27] 潘序伦,顾询.审计学[M].上海:商务印书馆,1936.

[28] 潘序伦,顾询.审计学教科书[M].上海:商务印书馆,1936.

[29] 潘序伦,顾询,张蕙生.通用簿记教程[M].上海:立信会计图书用品社,1951.

[30] 潘序伦,顾准.中国政府会计制度[M].上海:商务印书馆,1941.

[31] 潘序伦,王澹如.高级会计学(潘著会计学节本)[M].上海:商务印书馆,1934.

[32] 潘序伦,王澹如.公司会计[M].上海:商务印书馆,1933.

[33] 潘序伦,王澹如.会计学教科书(原名高级会计学)[M].上海:商务印书馆,1935.

[34] 潘序伦,王澹如.基本会计学——西方会计[M].上海:立信会计图书用品社,1988.

[35] 潘序伦,徐可南.苏联会计述要[M].上海:立信会计图书用品社,1952.

[36] 潘序伦,俞文青.国营企业会计概要[M].上海:立信会计图书用品社,1951.

[37] 佩顿,利特尔顿.公司会计准则绪论(会计学精义)[M].潘序伦,译.上海:立信会计图书用品社,1949.

[38] 钱乃澄.审计问题[M].上海:商务印书馆,1940.

[39] 任武,李湖生.潘序伦会计思想的形成和发展初探[J].新会计,2016(2):12-14.

[40] 孙时平,方士华.缅怀潘序伦先生,发展立信会计出版事业[J].编辑学刊,2006(5):78-80.

[41] 汪一凡.潘序伦与立信会计事业[J].新理财,2008(2/3).

[42] 张立年.潘序伦先生著作目录[M]//立信会计图书用品社.立信会计选辑(5).上海:立信会计图书用品社,1987:136-138.

[43] 郑仁佳.中国现代会计拓荒者潘序伦[J].传奇文学(台北),1987,51(5):96-100.

[44] PAN Shu-Lun. Bookkeeping and Accounting [M]. Shanghai：The Commercial Press，1932.

[45] PAN Shu-Lun. Corporation Finance [M]. Shanghai：The Commercial

Press, 1928.

[46] PAN Shu-Lun. The Trade of the United States with China[M]. New York: China Trade Bureau, Inc., 1924.